JN276922

English Memos that Bring
Smiles to Everyone's Faces

笑顔になれる
ポジティブ英語メモ

Lisa Vogt
リサ・ヴォート

Filling in Schedules
スケジュールを記入する

TUE	WED	THU
3 *Open until 10 p.m.*	4 *Study, then go to the MUSEUM*	5
10 *Shopping with Akane — Visit the new mall!*	11 *DAY OFF*	12
17 *Dinner at Mike's new apartment.*	18 *clean up!*	19
24	25	26

毎日の生活に欠かせないスケジュールやカレンダー。その日一日が
ワクワクするようなイベントや予定を、英語で書き込んでみましょう。

FRI	SAT
6 PICK UP DRESS AT THE DRY CLEANERS	7 Nap all afternoon! ★
13 Don't forget to pick up the cookies	14 Bake a chocolate cake… Sophia's Birthday Party!
20 Business Trip To OSAKA →	21 Train Departs at 10:00 a.m. (AM)
27	28

Filling in Schedules
スケジュールを記入する

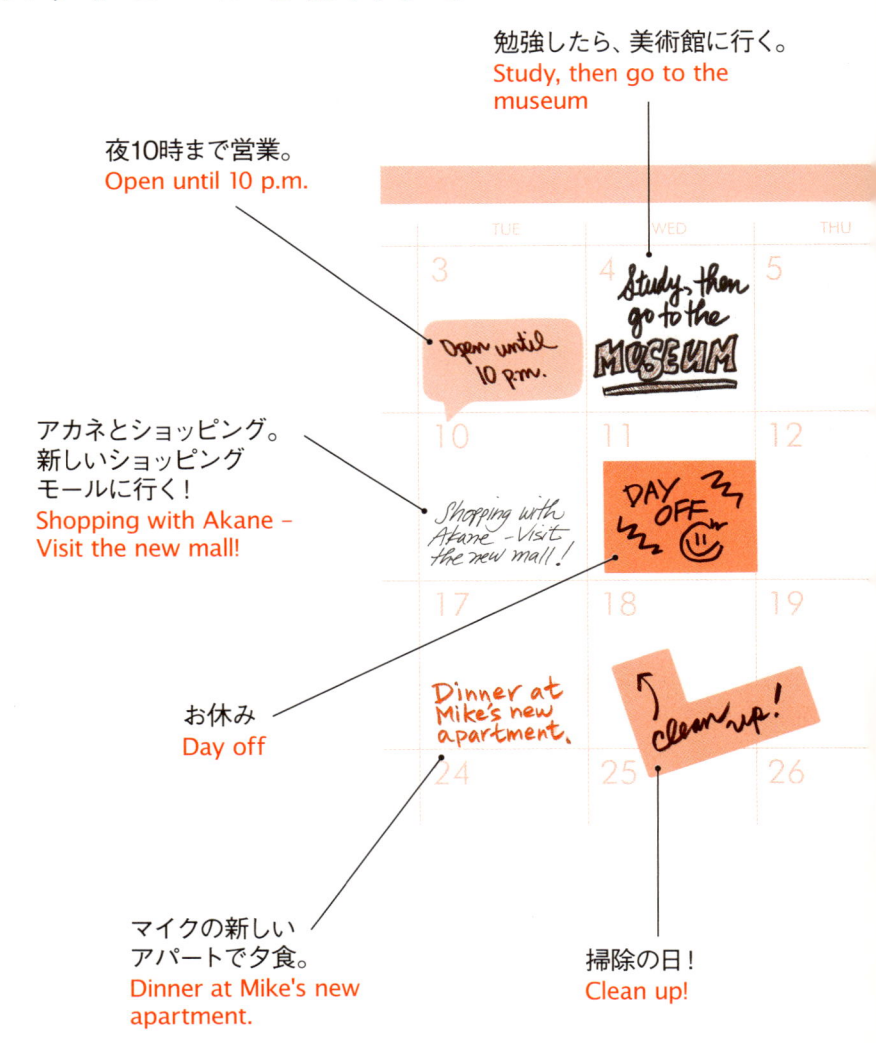

勉強したら、美術館に行く。
Study, then go to the museum

夜10時まで営業。
Open until 10 p.m.

アカネとショッピング。
新しいショッピング
モールに行く！
**Shopping with Akane –
Visit the new mall!**

お休み
Day off

マイクの新しい
アパートで夕食。
**Dinner at Mike's new
apartment.**

掃除の日！
Clean up!

	TUE	WED	THU
	3	4 Study, then go to the MUSEUM	5
	10 Shopping with Akane – Visit the new mall!	11 DAY OFF	12
	17	18 Dinner at Mike's new apartment.	19 clean up!
	24	25	26

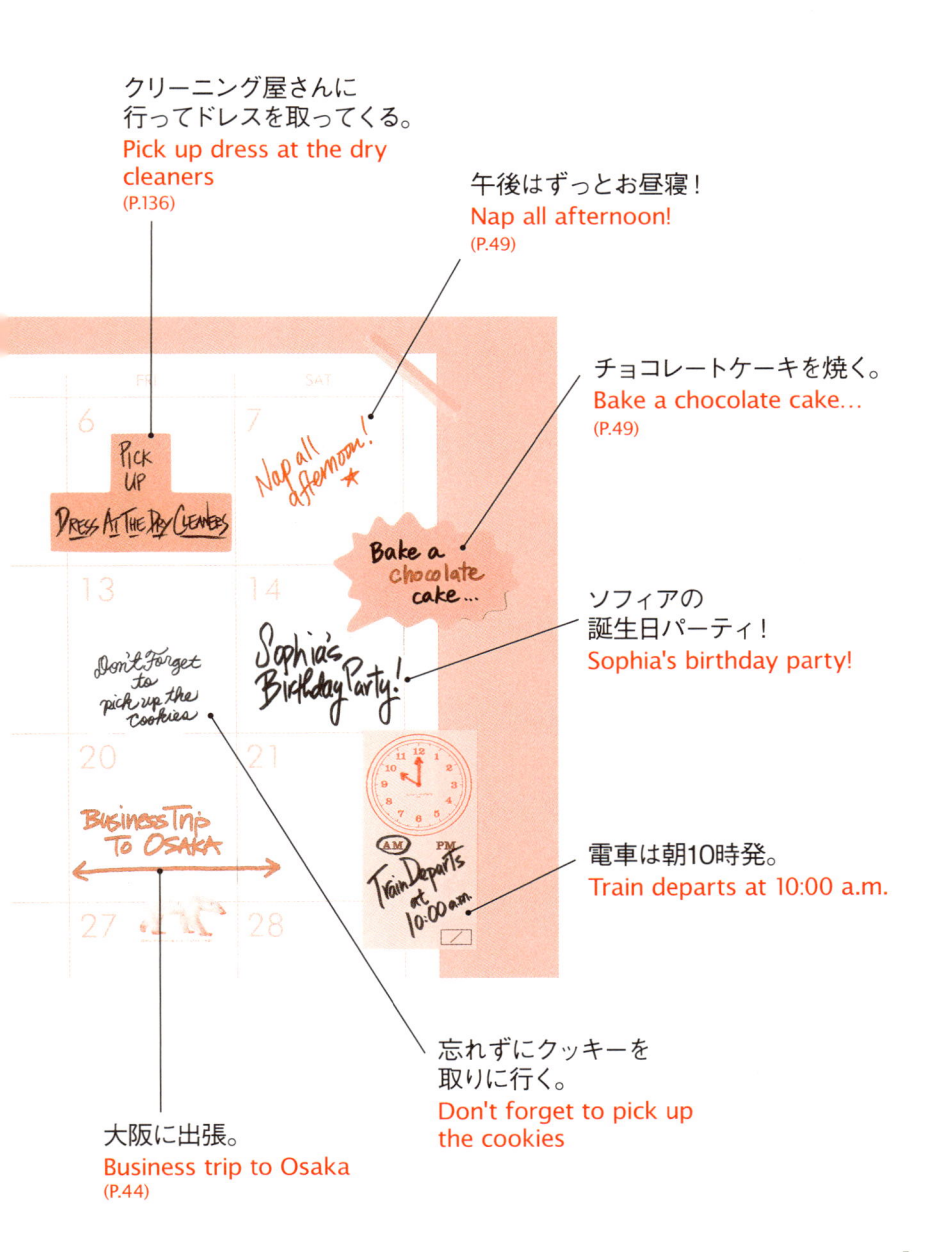

クリーニング屋さんに
行ってドレスを取ってくる。
Pick up dress at the dry cleaners
(P.136)

午後はずっとお昼寝！
Nap all afternoon!
(P.49)

チョコレートケーキを焼く。
Bake a chocolate cake…
(P.49)

ソフィアの
誕生日パーティ！
Sophia's birthday party!

電車は朝10時発。
Train departs at 10:00 a.m.

忘れずにクッキーを
取りに行く。
Don't forget to pick up the cookies

大阪に出張。
Business trip to Osaka
(P.44)

Expressing Your Thoughts
あなたの気持ちを届ける

WITH LOVE

Thanks for always being kind.

You're GREAT!

YOU ARE SO TALENTED!

I'm Proud of You.

Mark'sphere

「ありがとう」「よかったよ」。日本語だとちょっと照れてしまう言葉も英語ならごく自然に、カジュアルに伝えられます。

You are the SWEETEST person I know.

You can always call me.

KEEP IN TOUCH, OK?

You're a Lifesaver!

Mom, Thank you for preparing fantastic meals.

YES
224933

Expressing Your Thoughts
あなたの気持ちを届ける

愛をこめて。
With love

いつも親切にしてくれて
ありがとう。
**Thanks for always
being kind.**
(P.75)

あなたは素晴らしい！
You're great!

あなたのことを
誇りに思います。
I'm proud of you.
(P.69)

あなたには
とても才能がある！
You are so talented!
(P.76)

あなたは私が知っている中で
いちばんやさしい人。
You are the sweetest
person I know.

いつでも電話してね。
You can always call me.
(P.79)

連絡してね、いい?
Keep in touch, OK?
(P.78)

あなたは
命の恩人だ!
You're a lifesaver!
(P.81)

お母さん、いつも私たちのために
おいしいご飯を作ってくれてありがとう。
Mom, thank you for preparing
fantastic meals.
(P.66)

Writing Diary Entries
日記をつける

June

4 Sun The presentation materials came out nicely. My proposal went through! I love my job.

5 Mon I'm so thankful to be alive!

6 Tue I attended a class reunion. Everyone leads such interesting lives! Renewed friendships are wonderful.

7 Wed What a great dream I had!

8 Thu To succeed, you need to be a "how" thinker, not an "if" thinker.

その日の出来事、心に響いた言葉、自分の気持ち……何でも書きとめておきましょう。
英語でつぶやくと、なぜか前向きな気持ちになれるから不思議です。

To do List

- [ ] Apply face mask
- [ ] Buy cotton balls
- [x] Finish the Report
- [x] Fix the picture frame
- [ ] Get printer ink
- [x] Pick up olives at D&D
- [ ] Call Mom
- [x] Order concert tickets

YOU ARE SUCH A GOOD FRIEND TO ME.

Writing Diary Entries
日記をつける

プレゼン資料はいい感じで仕上がって、なんと提案が通ったの！
私、自分の仕事が大好き
The presentation materials came out nicely.
My proposal went through!
I love my job.
(P.40)

生きていることに感謝！
I'm so thankful to be alive!
(P.35)

同窓会に出席した。みんな興味深い人生を送っていた！再会して交友関係を復活させるのは素敵なことね
I attended a class reunion. Everyone leads such interesting lives! Renewed friendships are wonderful.
(P.109)

素敵な夢を見たの！
What a great dream I had!
(P.34)

「もしも」から「どうやったら」が成功の鍵。
To succeed, you need to be a "how" thinker, not an "if" thinker.
(P.131)

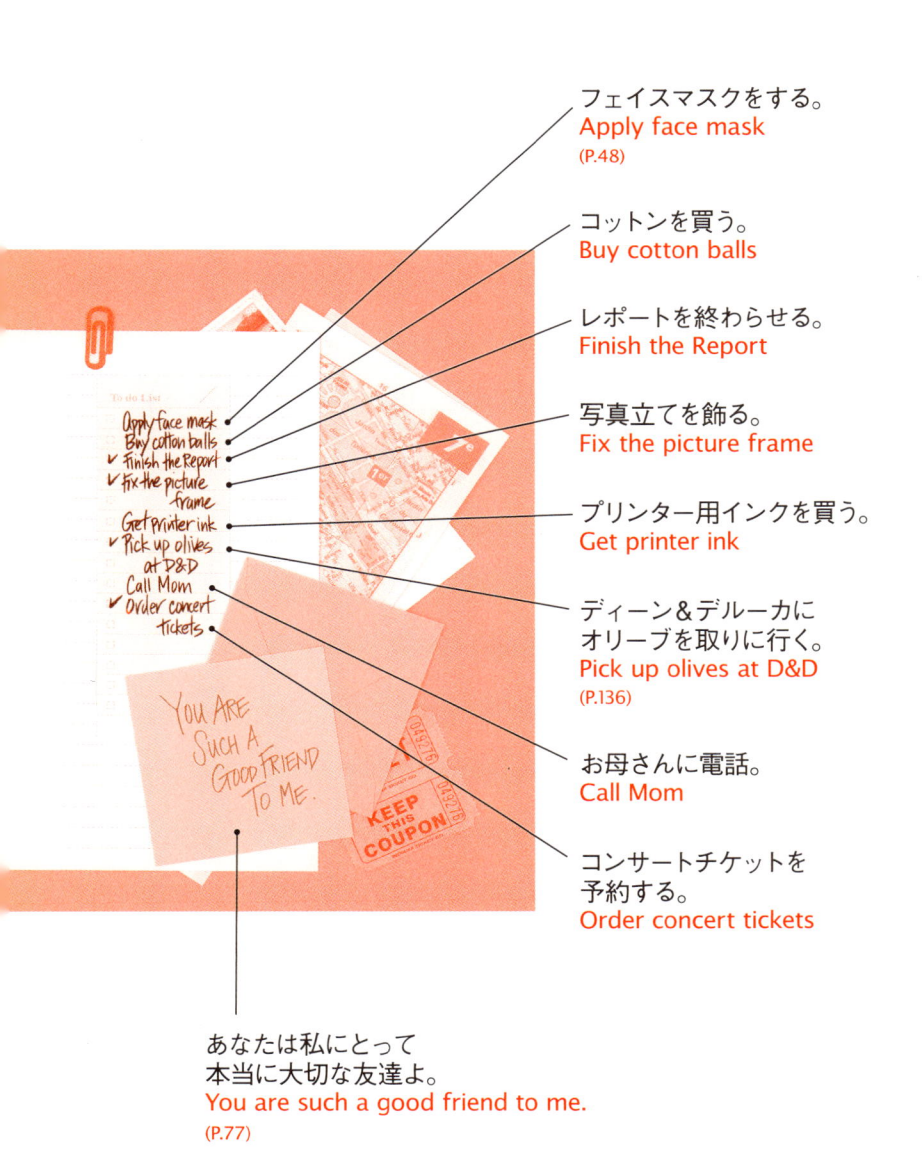

フェイスマスクをする。
Apply face mask
(P.48)

コットンを買う。
Buy cotton balls

レポートを終わらせる。
Finish the Report

写真立てを飾る。
Fix the picture frame

プリンター用インクを買う。
Get printer ink

ディーン＆デルーカに
オリーブを取りに行く。
Pick up olives at D&D
(P.136)

お母さんに電話。
Call Mom

コンサートチケットを
予約する。
Order concert tickets

あなたは私にとって
本当に大切な友達よ。
You are such a good friend to me.
(P.77)

Sending Cards
カードを贈る

市販のカードの印刷された文字だけでは、味気ないと思いませんか?
1、2行で十分。心のこもった言葉に、もらった相手はきっと笑顔になるはずです。

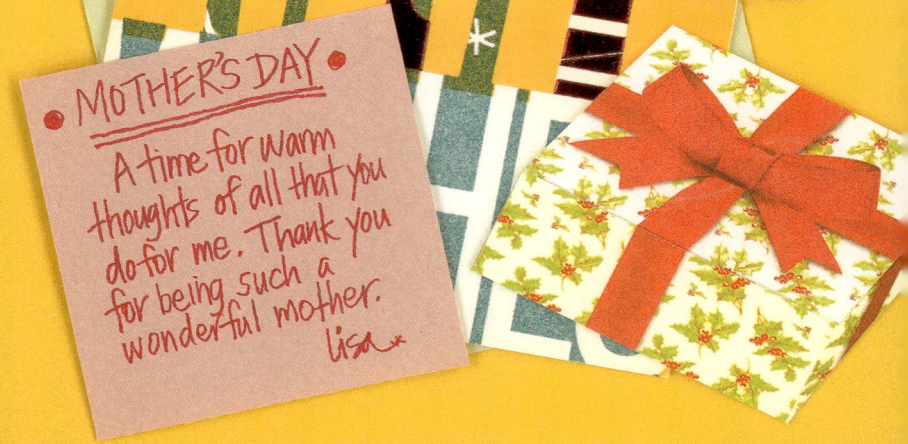

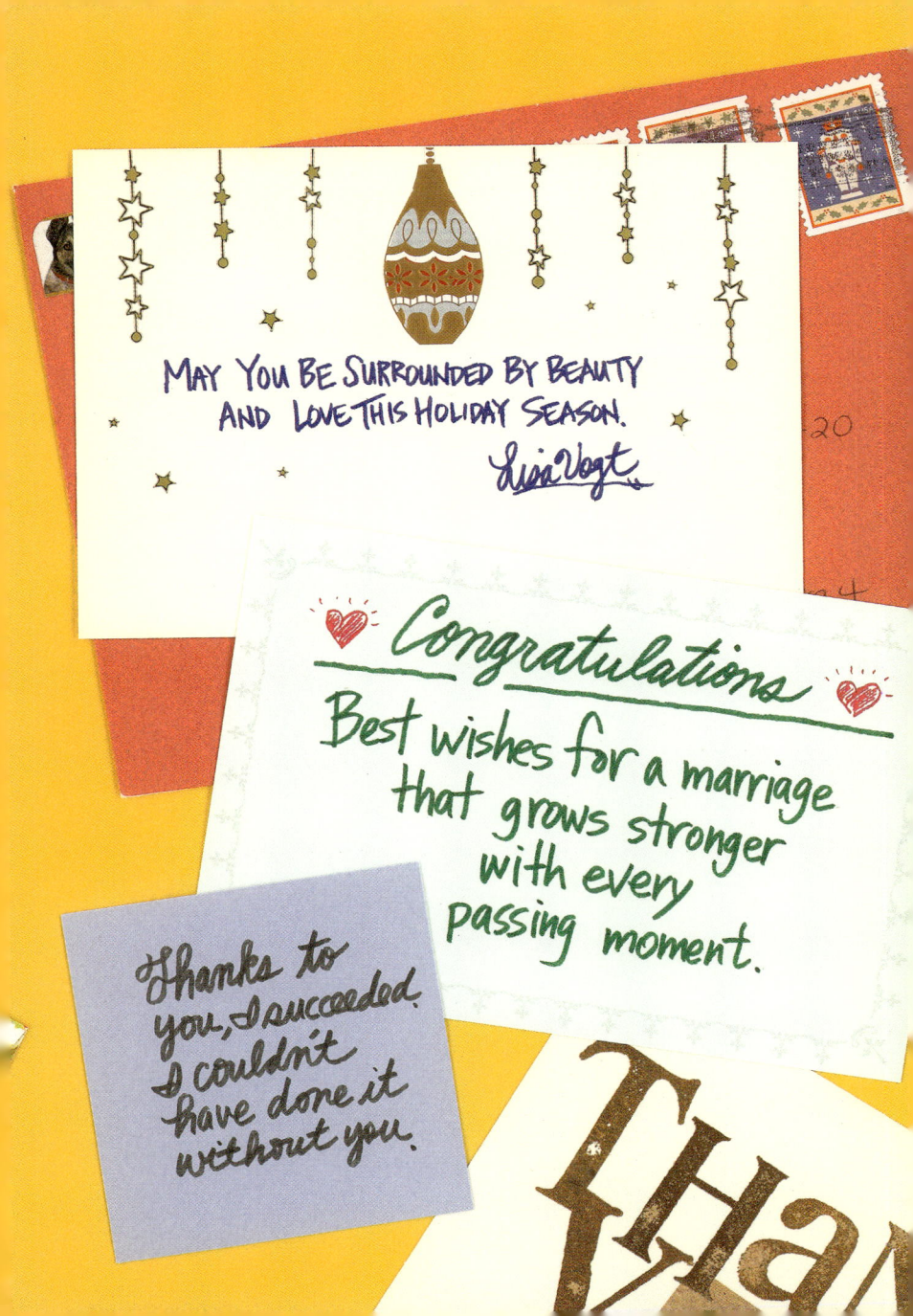

MAY YOU BE SURROUNDED BY BEAUTY AND LOVE THIS HOLIDAY SEASON.

Lisa Vogt

Congratulations

Best wishes for a marriage that grows stronger with every passing moment.

Thanks to you, I succeeded. I couldn't have done it without you.

Sending Cards
カードを贈る

お誕生日おめでとう!
今日がスペシャルな
あなたと同じくらい
スペシャルな一日に
なりますように。
愛を込めて　リサ・V

Happy Birthday!
I hope today will be as special
as you are.
With much love,
Lisa V.
(P.144)

母の日
それは、お母さんが
私のためにしてくれる
すべてのことに
心から感謝をする日。
いつも素敵なお母さんで
いてね。　リサより

Mother's Day
A time for warm thoughts of
all that you do for me.
Thank you for being such a
wonderful mother.
Lisa
(P.148)

美しく、愛に満ちた素敵な
年末をお過ごしください。
リサ・ヴォート

May you be surrounded by beauty
and love this holiday season.
Lisa Vogt
(P.145)

結婚おめでとう。
過ぎ行く時間とともに、
お二人の絆がますます
深まりますように。

Congratulations
Best wishes for a marriage
that grows stronger
with every passing moment.
(P.153)

ありがとう、成功しました。
あなたがいなければ、
私はできなかったと思います。

Thanks to you, I succeeded.
I couldn't have done it without you.
(P.150)

To Start
～はじめに～

**English Memos Bring
Smiles to Everyone's Faces!**

英語を学ぶなら、前向きになれる"ポジティブ英語"を覚えよう

　思いついたことを書きとめたり、やることをリストアップしたり、私たちは毎日いろいろなことをメモします。そんな日常的な事柄をメモするときに、英語で書いてみたら？　前著『メモで身につく日常英語』はそんなアイデアからスタートしました。

　私自身、大変な"メモ魔"で日本語もフセンに書いて張って覚えたいくらい。毎日日記もつけていますし、手帳にも思いついたことなどを書き込んでいます。そうやってメモをする中で気づいたことがありました。楽しいことや前向きなことを書いていると、元気になれるのです。楽しい予定を見てワクワクしたり、書きとめておいた偉人の言葉を読み返して元気をもらったり、そのパワーには素晴らしいものがあります。

そこで、今回の提案です。英語を学ぶなら、"ポジティブな英語"にしませんか？　自分を元気づけてくれる単語、ポジティブな言い回し、つぶやくと元気になれる一言など、そんな英語ばかり集めてみました。毎日メモを書いたり、ちょっとつぶやいたりすると、どんどん体に染み込んで、元気になれるうえに日常英語も上達します！　やり方は簡単ですから、今すぐ始めてみましょう！

英語はポジティブな言葉の宝庫

　ポジティブな英語ってそんなにたくさんあるの？と思った方、心配は無用です！　英語は「おいしい！」「よくできたね」「きれいだよ」など、ダイレクトに事実や気持ちを伝える言葉であり、ポジティブな表現がとても多いのが特徴です。また、外国語を学ぶときは、その言葉独特の物の考え方を知ることも大切です。英語はショート＆ダイレクトな言葉、ポジティブな英語で短いメモを書くというのは、まさに英語特有の物の考え方を身につけることにもつながります。

　メモなら短い一言でいいわけですから、プレッシャーもありません。たとえば1日に3つのメモを書き続ければ、1年間で1000メモ以上！今までよりも英語がぐっと身近になり、ポジティブな考え方も身につくに違いありません。

ポジティブ英語で
笑顔も英語力も手に入れる

　英語でメモを書くだけで、英語力アップにつながるのはなぜでしょうか。前著でもお話ししましたが、初めて読む方のために、上達する訳を少し解説します。

　言葉を覚えるためにはインプットとアウトプットの両方が必要です。日本人はインプット（読む・聞く）はたくさんしています。インプットは十分にあるのですから、今度はアウトプットです。**メモは簡単にできるアウトプット方法**。赤ちゃんが言葉を覚えるときに、最初は片言の言葉を発するところから始まり、だんだん長い文章が言えるようになっていきますが、メモを書くのはそれによく似ています。

　次に、**書いたメモを繰り返し見ることで、その表現が自分の中に染み込んでいきます**。毎日書いていると、自分がよく使う単語や文の傾向もつかめてきます。英語学習に繰り返しはとても大切です。

　そして、**メモには決まりがなく、できることから自分流にやればよい**ので、やる気をそぎません！　TO DOリストでもいいし、手帳や日記でもいいし、料理のレシピを英語でメモするのも楽しそうです。わかる部分だけ英語で書いてあとは日本語でもOKです。興味のあることを、少しずつ楽しみながら続ける。つまり**ポジティブなことをポジティブな姿勢で続けることがなにより大切**なのです。

リサのポジティブ英語メモ6カ条
How to Write Memos that Make You Smile - 6 Rules

1. いつ、どこで、何に書いてもOK。レシートの裏でもレストランの紙ナプキンでも自由自在、Be creative！
2. 日本語が交じっていても、間違っていても気にしない。わからないことは、後から調べればOK。
3. 書くのは自分が元気になれることや前向きになれること。ネガティブなことは"ポジティブに"書く。たとえば、「まだ8ページもある」ではなくて「あと8ページだ、頑張ろう！」。
4. 気になった言葉は何でもメモに書きとめる。メモをとる習慣も身につき、知らないうちに語彙も増える。
5. メモは目につきやすいところに張っておいて、繰り返し見る。頭が冴えている"ポジティブな時間"に見るのが効果的。
6. メモを書き続けていると、考えをまとめるのも上手になる。継続は力なり！

　ポジティブな言葉を書いたり話したりしていると、だんだん自分の気持ちもそうなってきて、現実もそのとおりに変わってきます。これは私が日々実感していることです。ぜひ、笑顔と英語力の両方を手に入れてください！

Manual
この本の見方

この本では、毎日さまざまなシーンで使える、笑顔になれる・元気になれる表現を、たくさんの例文で紹介しています。

- 各章はシーン・目的に分けて構成されているので、興味のあるところから読んでください。
- 興味をもったポジティブ表現は、そのまま抜き出して書いてみましょう。
- 目次をインデックス代わりにして、その時々に合うポジティブな例文を見つけて、少しずつアレンジしながら自分のものにしましょう。

Chapter ① TO SELF
自分が元気になれるメモ

仕事、買い物、旅行、家事など、朝起きたときから夜寝るまで、日常のシーンでよく使うフレーズを300以上紹介。自分を元気づけるフレーズ、うれしいときに思わず言ってしまう一言など、前向きな気持ちにさせてくれる"ポジティブ英語メモ"が詰まっています。「これって英語でなんて言うんだろう？」と日頃不思議に思っていた、日常英語ならではのフレーズもたくさんあります。アンダーラインを引いた箇所は、知っておきたい文法や言い換え例などのミニ知識です。

Chapter 2 TO OTHERS
気持ちを届けるポジティブメモ

家族、友達、会社の同僚など毎日接する人たちに思いや考えを伝えるときも、ポジティブに行きましょう。感謝の気持ちや励まし、賞賛などを伝えるのに便利なパターンや例文を集めました。文法的な説明だけでなく、なぜこのような言い方をするのか、習慣や文化の違いなどにもふれています。また「お疲れさま」「頑張って」など、日本語特有の"気持ちを届ける"言葉を英語で表現したら?のコラムも、ぜひ参考にしてください。

Chapter 3 3 STEPS
3ステップで覚える便利表現

外国語を学ぶとき、連想ゲームのようにしてシーンを思い描いていくと、むずかしい言葉でも覚えやすくなります。忘れ物をした、遅刻しそう、レストランに行ったら……よくあるシチュエーションを3ステップで展開し、日常英語ならではの表現をたくさん紹介しています。なかには困ったシチュエーションもありますが、ポジティブ英語を使えば結末はハッピーエンドに。ポジティブ英語に必要な物の考え方、視点にも注目です。

Chapter 4 POSITIVE SENTENCES
心に残るポジティブセンテンス

著名人が残した言葉や古くから伝わることわざの中には、勇気を与えてくれる、読んだだけで元気をもらえるポジティブな言葉がたくさんあります。"Positive thinker"である私のノートには、"positive sentences"がたくさんメモされていて、日々増え続けています。その中から、リズミカルで覚えやすく、英語の勉強になる36フレーズを選びました。

Chapter 5 VOCABULARY & PATTERNS
メモを豊かにするパターン＆単語集

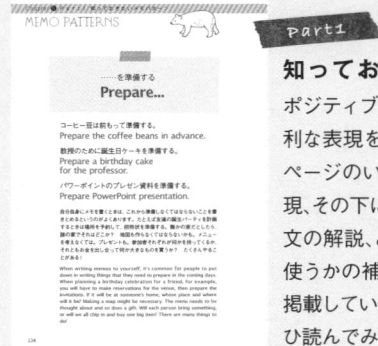

知っておきたいメモパターン

ポジティブな英語に欠かせない、よく使う便利な表現を10パターン紹介しています。各ページのいちばん上に覚えたいパターン表現、その下に例文が続きます。パターンや例文の解説、どんなシチュエーションのときに使うかの補足説明は、日本語と英語の両方掲載しているので、英語に親しみたい人はぜひ読んでみてください。

part2
グリーティングカード見本帖

誕生日、クリスマス、結婚や出産のお祝いなど、季節の挨拶やお祝い・お礼の手紙を送るときにそのまま使える、フレーズ見本集です。どの見本にも3〜4種類の例文が載っているので、贈る相手に合わせて選ぶことができます。「Happy Birthdayの後に何て書こう?」という悩みもこれで解決です。

part3
テーマ別単語帖

日常生活でよく出てくる単語を、テーマごとに分けて紹介しています。興味のある分野をまとめて覚えることができ、語彙を増やすのに便利です。メモを書くときの辞書代わりにも使えます。グリーティングカードや手紙を書くときに便利な結語(締めの言葉)の例も載っているので、活用してみてください。

この本を手元において、何度も繰り返し見ているうちに語彙も増え、だんだん本を見なくてもメモが書けるようになっていきます!
※本書はアメリカ英語をベースにしています。
※Chapter5では、前著『メモで身につく日常英語』
　の一部を流用しています。

笑顔になれる ポジティブ英語メモ

CONTENTS

How to Use Memos

- 2 スケジュールを記入する Filling in Schedules
- 6 あなたの気持ちを届ける Expressing Your Thoughts
- 10 日記をつける Writing Diary Entries
- 14 カードを贈る Sending Cards

- 18 はじめに To Start
- 22 この本の見方 Manual

Chapter 1

自分が元気になれるメモ

TO SELF

- 34 朝起きたら In the morning
- 36 身支度・メイク Applying make-up
- 38 通勤・通学 On the way to work / school
- 40 席で仕事 Deskwork
- 42 会議 Meetings
- 44 出張 Business trip
- 46 買い物 Shopping
- 48 自宅でのんびり Relaxing at home
- 50 シャワー＆バス Shower & bath
- 52 勉強中 While studing
- 54 おやすみ At night
- 56 スポーツ Sports
- 58 旅行 Travels
- 60 整理整頓・掃除 Around the house
- 62 料理 In the kitchen

Chapter 2

気持ちを届けるポジティブメモ
TO OTHERS

家族へ *To your family*

66 Thank you for...
　……してくれてありがとう

67 I appreciate your...
　あなたの……に感謝します

68 That's what's...
　それが……なところ

69 I'm proud...
　……を誇りに思う、自慢に思う

70 You're the most...
　あなたはいちばん……です

71 ... was awesome.
　……は素晴らしかった、とてもよかった

72 I'm so glad...
　……でよかった、ほっとした

73 Have I told you recently...?
　最近……って言った?

74 I'd like to... someday.
　私はいつか……したい

会社で *To your coworkers*

81 You're a...!
　あなたは……だ!

82 Where did you...?
　いったいどこで……したの?

83 How...!
　なんて……なんだろう!

84 You're the best...
　あなたは最高の……だ

85 You always...
　あなたはいつも……だ

友達へ *To your friends*

75 Thanks for always...
　いつも……してくれてありがとう

76 You are so...
　あなたはとても……だ

77 You are such a...
　あなたはとても……な人だ

78 ..., OK?
　……だよね、いい?／……だね

79 You can always...
　あなたはいつでも……できる

80 I knew...
　……とわかっていた、知っていた

彼へ／彼女へ *To your boyfriend/girlfriend*

86 You're...
　君は……だ

87 ... with all my heart.
　心から……だ

88 ..., will you?
　……してくれる?

89 ... so much.
　とても……だ、本当に……だ

90 ... meant to be.
　……は運命だった、……する運命だった

Chapter 3

3ステップで覚える便利表現
3 STEPS

92 ベッドから出たくない　Back to...　また……に戻る
93 急がないと遅刻しちゃう　Lucky for me...　……でよかった
94 置き忘れちゃった　I misplaced...　……を置き忘れた
95 雨宿りする　...did the same　……も同じことをした
96 いい筆記用具を見つける　...in just a few hours　わずか数時間で……
97 レストランに行く　be hidden under...　……の下にある
98 乳液がない　be out of...　……がない
99 視力が落ちた　In any case　いずれにしても
100 ぬいぐるみを買う　It's the kind that...　それは……の種類だ
101 冷蔵庫の掃除をする　Yummy-it's...　おいしそう、……だ
102 海外旅行に行く　...took us to~　……で~に行った
103 雨がやんだら　...stopped and ~　……が終わったら~した
104 家庭菜園　...might not look like much but~　……は見かけは悪いが、実は~
105 服を整理する　So many...　なんてたくさんの……
106 ネットオークション　I could get it for...　（安い値段／いい値段）で買えた
107 雑誌を見る　come out...　……にできあがる
108 興味がなかったこと　I've become quite ... now.　今やすっかり……になってしまった
109 同窓会に出席する　I attended...　……に参加した
110 おばあちゃんの誕生日
　　...made-~ which made me ~　……が一を~させ、（それを見て）私も~になった
111 映画に行こうと思ったら　What a bummer　うそでしょ！

常にポジティブに
Column
How to Stay Positive

- 32 ポジティブな言葉を心に留めておく
  Keep in mind
- 64 いい自己暗示・悪い自己暗示
  Self-fulfilling prophecy
- 112 甘いレモネードは酸っぱいレモンから
  Make lemonade
- 132 幸せは日常に隠れている
  Happiness is...

Chapter 4

心に残るポジティブセンテンス
POSITIVE SENTENCES

114 POSITIVE SENTENCES

Chapter 5

メモを豊かにするパターン&単語集

VOCABULARY & PATTERNS

part1

知っておきたいメモパターン MEMO PATTERNS

- 134 ……を準備する　Prepare…
- 135 ……を買いに行く　Shop for…
- 136 ……を取りに行く　Pick up…
- 137 ……と話す　Talk with…
- 138 ……について考える　Think about…
- 139 ……に行く　Drop by…
- 140 ……を忘れない　Remember…
- 141 ……する　I will…
- 142 ……しない　I won't…
- 143 ……と感じる　I'm feeling…

part2

グリーティングカード見本帖 GREETING CARDS

- 144 誕生日
  Happy Birthday
- 145 クリスマス・新年
  Christmas / New Years
- 146 バレンタインデー
  Valentine's Day
- 147 暑中お見舞い
  Summer Greetings
- 148 母の日
  Mother's Day
- 149 父の日
  Father's Day
- 150 感謝の気持ちを伝える
  Thank you
- 151 おめでとう
  Congratulations
- 152 記念日
  Anniversaries
- 153 結婚のお祝い
  Marriage
- 154 出産のお祝い
  Birth
- 155 引っ越しのお知らせ
  Moving

part3

テーマ別単語帖 VOCABULARY

- 156 仕事(職業)
  Work
- 157 肩書、部署
  Job titles, Departments
- 158 オフィス用品
  In the Office
- 160 電化製品
  Electrical Appliances
- 161 キッチン用品
  Kitchen Goods
- 162 食材
  Ingredients and Foodstuff
- 164 調理
  Cooking
- 165 味
  Tastes
- 166 美容、化粧品
  Cosmetics
- 167 健康、病気
  Health, Illness
- 168 天気
  Weather
- 169 服
  Clothing
- 170 家族、近い人の呼び方
  Terms of Endearment
- 171 性格
  Personalities
- 172 感動したときの言葉
  Wow!
- 173 友達への手紙の結語
  Casual Salutations
- 174 改まった手紙の結語
  Formal Salutations

Column ♡ Keep in mind

ポジティブな言葉を心に留めておく

　私たちという存在は、自分の中に何を取り入れるかで決まります。栄養のある食べ物を食べれば健康になれますし、愛情やポジティブなイメージで満たされれば、精神的に健やかになります。私たちの中に入ってくるメッセージには、ネガティブなものもポジティブなものもあります。ネガティブなものに振り回されず、人生をよりよい方向に向かわせるために、自分をアップさせるメモを書いて見えるところに張りましょう！

　メモを書くときは、肯定的な言い方で書きます。たとえば「私は太っている。だから毎日アイスクリームを食べない」ではなく、「私はスリムだ。サラダはとってもおいしい！」といった感じです。

　言葉は心の中にイメージを作り出します。なりたくないことはメモに書かないようにしましょう。書いてしまうと潜在意識がその言葉を取り出し、そのとおりに実現してしまう危険があるのです。「したくないこと」ではなく「したい」ことを考える。したいことをメモに書いて、意識化するのです。

Chapter 1

自分が元気になれるメモ
TO SELF

Scene 1　朝起きたら
Scene 2　身支度・メイク
Scene 3　通勤・通学
Scene 4　席で仕事
Scene 5　会議
Scene 6　出張
Scene 7　買い物
Scene 8　自宅でのんびり
Scene 9　シャワー＆バス
Scene 10　勉強中
Scene 11　おやすみ
Scene 12　スポーツ
Scene 13　旅行
Scene 14　整理整頓・掃除
Scene 15　料理

Chapter ❶ 自分が元気になれるメモ

TO SELF

Scene 1

朝起きたら
In the morning

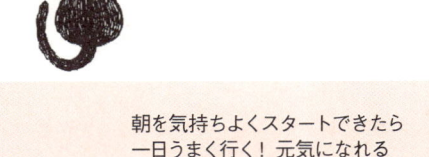

朝を気持ちよくスタートできたら一日うまく行く！元気になれるフレーズをたくさん言ってみよう。

おはよう！（自分に向かって元気よく）
Good morning to me!

今日はいい一日になりそう。
It's going to be a beautiful day.

（カーテンを開けて）今日は曇りね。
いいじゃない、日焼け止めを塗らなくていいもの。
(opening the curtain) It's cloudy.
Great, I won't need sunscreen!

今日は金曜日……あと一日がんばるぞ！
T.G.I.F. ...One more day!
➡ T.G.I.F.=Thank God it's Friday（やっと金曜日だ）

ベッドの中で伸びをすると気持ちいい。
Stretching my body in bed feels wonderful.

素敵な夢を見たの！
What a great dream I had!

今日はとっても気分がいい。
I feel so happy today.

目覚まし時計クン、起こしてくれてありがとう。
Thank you, Alarm Clock for waking me up.

歯磨きをすると気持ちがいい。
Brushing my teeth feels good.

冷たい水で顔を洗うとシャキッとする。
Splashing cold water on my face is lovely.

雲ひとつない素晴らしい天気！
What a gorgeous day!

今日は何かいいことがありそうな気がする。
I have a feeling something good will happen today.

さあ起きて、今日も一日元気に過ごそう！
Rise and shine!
➡ お母さんが子どもを起こすときの決まり文句。

昨日のことはもう過去。また新しい一日が始まる！
It's a brand new day!

いい感じ。
I feel good.

窓から入ってくる朝の日差しが好き。
I love the morning sun shining through the windows.

私は幸せ。
I'm happy.

生きていることに感謝！
I'm so thankful to be alive!

笑顔！
Smile!

夕べはよく眠れた。
I slept well last night.

爽やかな気分。
I feel refreshed.

Scene 2

身支度・メイク
Applying make-up

「似合ってる」「お化粧のノリがいい」。
つぶやきながら身支度をすれば、
気分も英語力もアップ。

たくさんあって迷っちゃう！今日はどれを着ようかな？
So many choices! What shall I wear today?

(イヤリングを両耳につけて)よく似合ってる。
Both earrings look good.

コンタクトレンズが1回で入った。
I was able to put in my contact lens at first try.

このベルトはこの服に似合ってる。
This belt matches.

新しいストッキングを出す。
I'll open a new pair of pantyhose.

次はお化粧をする。
I'll do my face now.

このリキッドファンデーションはつきがいい。
This cream foundation applies nicely.

次は髪の毛を整える。きれい！
Next I'll fix my hair. I look good!

このネイルの色が好き。
I like this nail polish color.

もう少し時間がたったら、ビューラーをする。
I'll be ready soon for the eyelash curler.

口紅を塗って、チークをつけて、身支度完了。
I'll apply lipstick and blush and I'm finished.

すごい……シワがない。
Great...there are no wrinkles.

シミがなくなった！
The blemish is gone!

ブラウスにはアイロンがかかっている。
The blouse is pressed.

今日の眉毛はキマッてる。
My eyebrows look wonderful today.

この組み合わせは完璧。
These match perfectly.

この乳液はベタベタしていない。
This lotion isn't greasy.

前髪はちょうどよい長さ。
My bangs are just the right length.

あら、こんないいカーディガンを持っていたこと、すっかり忘れていたわ。
Oh, I had forgotten I had this nice cardigan.

新しい腕時計ベルトは手首になじむ。
This new watchband is comfortable on my wrist.

今日はこのパンプス。
These pumps today.

私のお肌、なんてスベスベ！
My skin is so smooth !

Scene 3

通勤・通学
On the way to work/school

混雑する通勤電車も小さなラッキーをポジティブ英語でつぶやいて、笑顔になろう。

今朝はラッシュアワーを避けられそう。
I think I can avoid rush hour this morning.

私が電車に飛び乗った瞬間、私のすぐ後ろでドアが閉まった。
The train door closed right after I hopped in.

バス停に到着したときにちょうどバスが来た。
The bus came just as I approached the bus stop.

遅刻しそうだったけれど、電車も遅れていた。なんてラッキー!
I was running late and so was the train. How lucky!

うれしい! 目の前の席がちょうど空いた!
Oh good, a seat just opened up in front of me!

私はすぐに座れた。
I got a seat right away.

新しい定期券入れが本当に気に入っている。
I really like my new train pass holder.

この本を読み終われそう。
I have time to finish this book.

あそこのカッコいい人、ミュージックプレーヤーで
いったい何を聴いているのかな……。
I wonder what that handsome guy is listening to on his music player....

英語のポッドキャストを聴く。
I'll listen to an English podcast.

オフィスまでの道のりは、距離も環境も歩くのにちょうどいい。
It's a nice walk to the office.

今日は散歩日和。
It's such a pleasant day for walking.

私は電車の中づりを読むのが好き。
I like reading the advertisements hanging inside the train.

この広告はカッコいい。
That advertisement is cool.

この間のあのカッコいい人がいる。
There's that good-looking man again.

(車内の温度は)暑くもなく寒くもなく、ちょうどいい。
The temperature is just right.

今日は混んでいない。
It's not crowded today.

渋滞がない。
There's no traffic.

タイミングは完璧。
My timing is perfect.
➡乗り換えがスムーズだったり、すぐに電車が来たときなどに使う。

お気に入りの音楽をiPodで聴いている。
I'm listening to my favorite music on my iPod.

今日はとてもおだやかな日。
It's such a pleasant day.

いつものコーヒーショップに寄って、おいしいカフェラテを買う。
I'll stop by my usual coffee shop and get a delicious latte.

Scene 4

席で仕事
Deskwork

英語でメモをとったり、
英語に言い換えてみたり。
職場はポジティブ英語の宝庫。

エアコンの温度がちょうどいい。
The air conditioner is set at the perfect temperature.

すべてのメールにたったの2時間で返信をした。
I answered all my emails in only two hours.

会議は予定よりも早く終わった。
The meeting was shorter than scheduled.

プレゼン資料はいい感じで仕上がった。
The presentation materials came out nicely.
➡ come out = できあがる、写真に写る、結果として〜になる

今朝、上司は機嫌がいい。
The boss is in a good mood this morning.

誰かがお土産を買ってきた。
Somebody brought some souvenirs.

ソフトウエアの更新がスムーズにいった。
The software update went smoothly.

私の提案が通った！
My proposal went through!

私、仕事が大好き。
I love my job.

明日は休む。
I'm taking a day off tomorrow.

フロアのみんなと仲良くやっている。
I get along with everyone on my floor.

私はよく働く。
I'm a hard worker.

今、ほめられちゃった。
I was just complimented.

今日は仕事がスムーズに運んでいる。
Things are going very smoothly today.

この仕事は私の天職。
I was born to do this.

周りの人たちはみんなすごくやさしい。
Everyone around me is so nice.

お客さまがおいしいケーキを持ってきてくれた。
The visitor brought yummy cakes for us.

今日は電話が鳴らない。
The phones are quiet today.

集中してすべての仕事をすみやかに終わらせた。
I could concentrate and finish everything easily.

(椅子やテーブルの)キャスターがーキーいわなくなった！
The wheels don't squeak any more!

ブロードバンドがさらに速くなった！
The broadband connection got even faster!

この仕事があることに感謝。
I'm so grateful for this job.

Scene 5

会議
Meetings

長引きがちな会議も、英語で
考えるとなぜか論理的でスムーズ。
英語力も上がって一石二鳥。

今日は話し合うべきことがたくさんある。
We have much to discuss today.

忙しいなか、この会議に来てくださってありがとうございます。
Thank you for coming to this meeting
despite your busy schedules.

この会議の目的は、給与値上げについて話し合うことです。
The purpose of this meeting is to discuss pay raises.

今、〜とおっしゃいましたか？
Did I understand correctly? You said ~?
➡ 相手が言ったことがよくわからなかったときに聞き返すクッション言葉。

わかりやすい説明だった。
That was a clear explanation.

では自由に発言してください。
The floor is now open.

皆さん、どう思いますか？
What do you think?

どんな意見も大歓迎です。
All comments are welcome.

これはとても役立つ情報でしたね。
Well, that was very useful information.

OK、では次の議題に移りましょう。
OK, let's move on to the next item.

プロジェクトの進捗報告をお願いします。
Can you give us an update on the project?

私はみんなに賛成です。
I agree with everyone.

なんてリラックスした雰囲気の会議なんだろう！
What an easy-going meeting!

今日はみんなが協力的。
People are cooperative today.

かなり早く終わりそうな気配がする。
It looks like we'll finish quite early.

会議室は結局のところ空いていた。
The conference room was available after all.

あれはとても必要な会議だった。
That was a much-needed meeting.

収穫の多い会議だった。
We were productive.

議論は的を射ていた（脱線しなかった）。
The discussion was on-target.

その提案はとても役に立った。
That suggestion was helpful.

いい意見が出ました。
There were some good points raised.

プレゼン、よかったよ。
The presentation was well done.

Scene 6
出張
Business trip

> シチュエーションが変わると使う英語の種類も変わる。いつもと違う英語を実践！

明日は仕事で京都にいる。
I'll be in Kyoto on a business trip tomorrow.

来月、出張でニューヨークに行かなくてはならない。
I have to make an official trip to New York next month.
➡ 宿泊先が高級であったり、特別感の強い出張。

出張手当がたっぷり出る。
The travel allowance is generous.

空港まで迎えに来てくださってありがとうございます。
I appreciate being greeted at the airport.
➡ Thank youよりも丁寧に感謝を伝える際の表現。

7時くらいに、ちょっといい夕食をいただきませんか？
How about a nice dinner around seven o'clock?

書類は受け取りました、ありがとうございます。
I received the documents, thank you.

オフィスの場所はとても便利。
The office location is so convenient.

時差ボケはまずしない。
I never get jet lag.

モーニングコールはお願いした時間ちょうどに鳴った。
The wake-up call came just as I requested.
➡「モーニングコール」はmorning callではなくwake-up call。

ちょうど昼食に間に合う時間に到着します。
I'll arrive just in time for lunch.

経費がいくらでも使える！
I am on an unlimited expense account!

私は仕事であちこち行くのが好き。
I love traveling for work.

新しいキャスター付きスーツケースを買う。
I'll buy a new wheeled suitcase.

そこはインターネットが繋がるので安心だ。
I'm glad that there will be an internet connection there.

プロジェクトがスタートする前に、数日間準備する時間がある。
I'll have a few days to prepare before the project starts.

乗り継ぎはスムーズな予定。
The transfers will be smooth.

旅行のスケジュールは盛りだくさんすぎない（自由時間がある）。
The itinerary isn't too much.

新しい支店長に会える。
I'll get to meet the new branch manager.

何のお土産を持っていこう？
What gift shall I bring...?

この旅行でホテルのポイントが貯まる。
I'll get hotel points for this trip.

今回は眠れる！
I'll have the chance to sleep this time!

scene 7

買い物
Shopping

海外旅行に欠かせない英会話。
ふだんから使っていれば
いざというときも心配なし。

なんてリーズナブルな値段！
What a great price!

(靴やジーンズなど左右対になっているものが)これ、ピッタリ。
These fit perfectly.

私の好きな色の商品がある。
They have it in my favorite color.

この靴は私のハンドバッグに合う。
These shoes match my handbag.

お店は夜の10時まで営業している。
The store stays open until 10 p.m.

Mサイズでよさそう。
The medium size will be fine.
➡ 海外ではS・M・Lサイズという表現は通じない。

いい買い物をした。
I feel good about my purchases.

全部買えちゃったなんて信じられない！
I can't believe I could get all of them!

(靴や肩ひもなどの)ストラップはピッタリのサイズ。
The straps are just the right size.

やっと9号が入る！
I now can wear a size nine!

あのお店は種類が豊富。
That place has a large selection.

これもいいし、あれもいい。両方買っちゃおう！
This one is nice and that one is nice, too.
Maybe I'll buy them both!

これ全部でたった5000円？
All of these for only 5000 yen?

保障期間は5年間です。
The warranty is for five years.

この商品は色の種類が豊富。
It comes in all kinds of colors.

なんとこのお店には私のサイズがある！
They actually have my size!

このお店、大好き。
I love this store.

この値段なら買ってもいい。
The prices are right.

それなら全部買うわ！
Then I'll buy them all!

このお店は配達もしてくれる。
They deliver the goods, too.

全部好き。どうしよう？
I like them all. What shall I do?

今日は買い物しまくるぞ！
I will shop till I drop.
➡will... till I drop＝倒れるまで……する　I will drink till I drop（倒れるまで飲む）

Scene 8

自宅でのんびり
Relaxing at home

休みの日にしたいことをリストにしておくと、気分がワクワク！もちろんリストは英語で。

今日は家で読書するのにぴったりの日。
It's a perfect day to stay home and read.

全部手作りで何か作ろうかな。
I think I'll make something from scratch.
➡ from scratch＝料理や裁縫など、既製品を利用せず一から手作りする。

見るべきテレビ番組は何かあるかしら。
I wonder if there's anything on TV worth watching.

パジャマを着たまま一日中家の中で過ごすのが大好き。
I love staying inside all day in my PJs.

午前中いっぱいネットサーフィンをした。
I web-surfed all morning.

もっと頻繁にゆったりした時間を過ごさないとね。
I should chill-out more often.
➡ chill＝冷静になる、リラックスする。

泡のお風呂にでも入ろうかな。
Maybe I'll take a bubble bath.

ポップコーンを作ってDVDを見る。
I'll pop some popcorn and watch a DVD.

クッキーと淹れたてのコーヒー、おいしそう！
Cookies and fresh coffee, yum!

フェイスマスクをする。
I'll apply a face mask.

これはすごくいいCD。
This is an awesome CD.

とくに何もしない。
I will just do nothing.

たまった雑誌を全部読む。
I'll catch up on reading all the magazines.

一日編み物をしよう。
I will spend the day knitting.

ケーキを焼く！
I'll bake a cake!
➡ オーブンを使う料理・お菓子は、cookではなくbake。

ベランダでランチを食べようかな。
I think I will have my lunch out on the balcony.

今日は絵はがきで手紙を書く。
I'll write some postcards today.

棚にペンキを塗らなくちゃって思っていたんだけど、今やろう！
I've been meaning to paint the shelves. I'll do that now!

何かクリエイティブなこと……　何ができるかな……。
What is something creative I can do....

携帯通信機器用のアプリをダウンロードする。
I'll download some apps onto my portable devices.

一日ガーデニングをするのが楽しみ。
I look forward to spending the day gardening.

午後はずっとお昼寝！
I'll just nap all afternoon!

scene 9
シャワー & バス
Shower & Bath

「泡立つ」「磨く」「乾かす」は何て言う？ 楽しいお風呂タイムに英語力も一緒に磨こう。

私はゆったりお風呂に入るのが好き。
I enjoy soaking in the bathtub.

リンスインシャンプーは急いでいるときに便利。
All-in-one shampoo is good when you're in a hurry.

この新しいシャワーカーテンはいい感じ。
These new shower curtains look good.

このシャンプーはとても素敵な香りがする。
This shampoo smells wonderful.

もう蛇口から水漏れしなくなった。
The faucet isn't leaking anymore.

いただいたバスジェルを使う。
I'll open this bath gel that was given to me.

新しい電動歯ブラシはとてもきれいに磨ける。
My new electric toothbrush does a good job.

今日は体重を量らない！
I won't weigh myself today!

タオルドライで髪の毛を乾かす。
I'll just towel dry my hair.

このせっけんはよく泡立つ。
This soap lathers well.

シャワーを浴びながらフロスをするのって私だけ？
Am I the only person in the world who flosses my teeth in the shower?
➡ Am I the only person in the world who...＝……するのって私だけ？

タオルはタオル掛けにきちんとかかっている。
The towels are neatly hanging on the towel rack.

このカミソリは本当によく切れる。
This new shaver works really well.

このせっけんの香りが大好き。
I love the smell of this soap.

天にも昇るようないい気持ち！（シャワーを浴びながら）
The shower feels heavenly!

足とつま先をスクラブする。
I'll scrub my feet and toes.

このシャワージェルは爽やか。
This shower gel is refreshing.

みんなは笑うけど、私はこのナイロンタオルが好き！
People laugh, but I like this nylon towel!

お湯の温度はいつもちょうどいい。
The water temperature is just right every time.

この浴槽は掃除をするのが楽。
This tub is easy to clean.

お風呂場で歌うのは楽しい。
It's fun singing in the bathroom.

少し瞑想をする。
I'll meditate for a while.

Scene 10

勉強中
While studing

頑張る自分をほめるときこそポジティブ英語。繰り返すうちにだんだんやる気になってくる！

この電子辞書はとても使いやすい。
This electronic dictionary is so easy to use.

これは特別な単語帳。
This is a special vocabulary list.

私はできる！
I can do this!

私はだいぶ進歩した。
I've made a lot of progress.

私は試験に合格した。
I passed the test.
➡「試験を受ける」はtake a test

このチャートのおかげで内容がわかりやすくなっている。
This chart is very helpful.

あと8ページだ、よし頑張ろう！
Only eight more pages to go!

だんだん理解できるようになってきた。
This is starting to make sense.

（わからないときに）質問したり調べたりするリソースがある。
I've got a lot of resources.
➡resourcesは図書館、先生、参考書、資料、インターネットなどすべてを指す。

これが終わったら、自分にごほうびをあげよう！
When I finish this, I'll reward myself!

そうか！やっとわかった。
Ah, ha! I get it now.

ノートをきちんとまとめてあってよかった。
I'm glad my notes are organized.

もう少し頑張ろう。
I'll work on this a little longer.

このページが終わったら休憩にしよう。
I'll finish this page then take a break.

45分で10ページ進んだ。
I covered ten pages in 45 minutes.

やっと全部がつながってきた！
Everything is coming together now!

私には理解する力がある、私はできる。
I'm intelligent and I'm capable.

コーヒーを飲むと何時間でも起きていられる。
Coffee can keep me awake for hours.

私は人として成長している。
I'm growing as a person.

私には集中力がある。
I can focus.

こんなの簡単よ！
It's a piece of cake!

問題なし！
No problem!

Scene 11

おやすみ
At night

今日もいい一日だった。心地いいベッドに入ったら、感謝の気持ちをつぶやいて「おやすみなさい」。

寝る時間だ！
It's bedtime!

今夜はどんな夢を見るのかな。
I wonder what I'll dream tonight.

歯も磨いて、寝る準備ができた。
I've brushed my teeth and I'm all set.

あ〜、やわらかいシーツはとっても気持ちがいい。
Ah, the soft sheets feel wonderful.

この枕カバーにして正解！
This pillowcase was the right choice!

目覚まし時計をセットした。
I've set my alarm clock.

もうちょっとしたら電気を消す。
I'll turn out the light in a few minutes.

（寝る前に）もう1回トイレに行く。
Maybe I'll go to the bathroom one more time.

だんだん眠くなってきた。
I'm getting sleepier and sleepier.

おやすみ、テディベア！（枕元のぬいぐるみに話しかけて）
Good night Teddy Bear!

今日もいい一日だった。
It was another wonderful day today.

すべてのことに感謝します。
I'm so grateful for everything.

ベッドは気持ちいい〜！
The bed feels so good!

この新しい枕が大好き。
I love this new pillow.

私のパジャマの生地はソフトフランネル。
My PJs are made from soft flannel.

今夜は8時から眠れる！
I get to sleep from eight o'clock tonight!

いい夢を！
Sweet dreams!

布団が私を呼んでいる（もう眠い）。
The bed is beckoning me.

私は布団派。
I prefer sleeping on a futon.

ベッドに入るとすぐに眠ってしまう。
I never have to count sheep.

星がきれい。カーテンは開けたままにしておこう。
The stars are beautiful. I'll keep my curtains open.

じゃあ、また明日の朝！
See you in the morning!

Scene 12

スポーツ
Sports

気分が上がるスポーツシーンは、元気になれるフレーズを使ってみるチャンス。

私はシアトル・マリナーズを応援している。
I'm rooting for the Seattle Mariners.

私たちのチームはきっと勝つ！
I'm sure our team will win!

私のスポーツジム用のウエアはきちんとたたまれている。
My gym clothes are neatly folded.

このジョギングシューズはとても履きごこちがいい。
These jogging shoes are so comfortable.

いい試合だった。
It was a good game.

両チームともよく戦った。
Both sides fought a great match.

サイクリングはとても気持ちいい！
Bicycling feels so good!

今日の午後はたくさんカロリーを消費した。
I burned a lot of calories this afternoon.

試合はちょうどいい時間に終わった。
The game ended just in time.

これはとてもおしゃれなスポーツウエアね。
These are such fashionable sportswear.

もう1周(1試合)できます!
One more round, yes I can!

勝利に酔いしれる。
I'm basking in victory.
➡bask=浴びる　bask in the sunshine＝ひなたぼっこをする

このラケットはそんなに重くない。
This racket isn't very heavy.

私は公園をジョギングで3周する。
I jogged around the park three times.

私はなんて泳ぐのが上手なのかしら。
I am such a good swimmer.

私、オリンピックに出場するべきだったわ!
I should have joined the olympics!

スポーツをすることは健康的。
Engaging in sports is healthy.

私はそんなに汗をかかない。
I don't sweat much.

ロッカールームは広い。
The locker room is spacious.
➡面積が広いことはspacious、wideは幅が広い場合に使う。

この日焼け止めは効果が高い。
This sunscreen works great.

私はマリンスポーツ全般が好き。
I like all water sports.

(海と山なら)私は山派。
I'm a mountain-person.

Scene 13

旅行
Travels

旅の感動や楽しい出来事を英語で書きとめておけたらそれはいちばんの思い出。

世界一周クルーズに行く。
I'm going on an around-the-world cruise.

その旅行のことを考えるとワクワクする。
I'm so excited about this trip.

待ちきれない……旅行まであと何日？
I can't wait–how many more days?

私がシャンゼリゼ通りを歩いている様子が目に浮かぶ。
I can imagine myself walking down Champs Elysees.

北米にするか、ヨーロッパにするか。それが問題だ！
North America or Europe. That is the question!

まだ円高でよかった。
I'm so glad that the Japanese yen still has some value.

今回の搭乗でボーナスマイルがもらえる。
I'll get bonus miles for this trip.

（飛行機などの乗り物が）アップグレードされた。
I've been upgraded.

フライトは順調だった。
The flight was smooth.

みんなにどんなお土産を買ったらいいかな……。
What kind of souvenirs should I get for everyone....

すべての荷物がひとつのスーツケースにきれいに収まった。
Everything fit nicely in one suitcase.

この航空会社の機内食はかなりおいしい。
This airline's food is pretty good.

このツアーは全部込みで、なんとたったの5万9800円です！
The entire tour only cost an unbelievable 59,800 yen!

体験型ツアーに参加する。
I'm going on a learning vacation.
➡ I'm going on a ski vacation（休暇でスキーに出かける）、
I'm going on walking tour（ウオーキングツアーに参加する）

ついにやってきた、南極！
Antarctica, I'm finally here!

次はアフリカのサファリに行く。
Next time I'll go on an African safari.

全部荷造りし終わって、出発の準備は万端。
I'm all packed and ready to go.

私のクレジットカードには旅行保険がついている。
My credit card comes with travel insurance.

彼らはどんな料理を食べているのだろう？
I wonder what kind of food they eat?

新婚旅行は2週間になります。
It will be a two-week honeymoon.

仲のいい友人たちと一緒に行く。
I'll be with a group of good friends.

旅行は始まったばかり！
The trip has only begun!

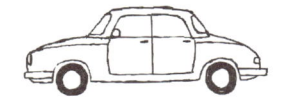

Scene 14

整理整頓・掃除
Around the house

ちょっと苦手な家事や掃除も
英語でつぶやけば、
なぜか楽しくなってくる！

いい天気だから布団を外に干そう。
It's sunny so I'll air out the futon.

私のタンスは、パンパンに物が詰まっていない。
My drawers are not so stuffed anymore.

ボールペンと鉛筆をきれいに並べる。
I'll arrange the pens and pencils in rows.

この掃除機の車輪は静かに動く。
The wheels on this vacuum cleaner roll quietly.

このマイクロファイバーのふきんは魔法のように汚れがよく落ちる。
This microfiber cloth works like magic.

キッチンカウンターを全部ふいた。
I wiped all the kitchen counters.

本棚のほこりを取った。
The bookshelves have been dusted.

窓はピカピカしている。
The windows are sparkling clean.

床用の液体ワックスは塗りやすい。
The liquid floor wax is easy to apply.

この省スペースハンガーはとても重宝している。
These space-saving hangers are a godsend.
➡ godsend＝思わぬ幸運、天の賜物

テーブルの表面はいいツヤが出ている。
The tabletops now have a nice shine to them.

大好きな歌を歌いながら、台所の床をモップがけする。
I'm going to mop the kitchen floor while singing my favorite song.

キレイな部屋、サイコー！
I love my clean room!

片づいてピカピカの状態は気持ちいい。
Spick and span is nice.
➡spick and span＝こざっぱりした、きちんとした

本はすべてテーマごとに並べられている。
The books are all arranged according to topic.

もうほこりはない。
There is no more dust.

このカーペット用のクリーナーは汚れがよく落ちる。
This carpet cleaner really works.

レモンの香りが爽やか。
The lemon scent is refreshing.

すべてリサイクルに回した。
Everything has been recycled.

椅子のカバーを洗った。
The seat covers have been washed.

（掃除した）冷蔵庫の中は、見た目も匂いもいい。
Inside the refrigerator looks and smells nice.

箱は全部空っぽ。
The boxes are all empty.

Scene 15

料理
In the kitchen

おいしい料理は笑顔を運んでくれる。
思わず口に出てしまう独り言も、
笑顔になれるフレーズを。

弱火でじっくり焼いたじゃがいもは、やわらかくてクリーミー。
Slowly baking potatoes make them creamy and soft.

ジューッと焼ける音を聞いて！
Listen to that sizzling!

野菜をリズミカルにトントン切るのは楽しい。
Chopping vegetables rhythmically is fun.

見て、きゅうりがこんなに薄く切れたの。よくできたわ！
Look at how thin I've sliced this cucumber. Good job!

弱火でじっくり煮込んだ私のチキンカレーは、
どんなインド料理店よりもおいしい。
My simmered chicken curry is better than any Indian restaurant's.

このレタス包みは、シャキシャキおいしくできた。
This lettuce wrap turned out nice and crunchy.
➡ turn out＝……になる

私は名シェフ。
I'm such a great chef.

私が作った料理は愛情いっぱい。
My dishes are filled with love.

この料理教室のレシピは簡単に作れる。
This cooking-class recipe is easy.

この炊飯器は高かったけれど、高いだけのことはあった！
This rice cooker was expensive but worth it!

私は竹製のまな板が大好き。
I love my bamboo cutting board.
➡ アメリカではすぐに乾いて衛生的な、竹のまな板が流行中。

私は初めて自分のナイフを研いだ。
I sharpened my own knives for the first time.

このミキサーはとても強力で、何でもできちゃう！
The mixer is so powerful, it can do anything!

新しいフレンチプレスで、とてもおいしいコーヒーが淹れられる。
My new French press makes excellent coffee.

手作りのパンがいちばんおいしい。
Home-made bread is the best.

あのよい香りをかぐと、思わず笑顔になる。
That aroma brings a smile to my face.

山盛りのチョコレートチップを入れた。
I put tons of chocolate chips in it.

全然塩辛くないわよ。
It's not salty at all.

あのサラダには20種類のハーブが入っているに違いない。
There must be 20 different herbs in that salad.

マヌカはちみつは特別。
Manuka honey is special.

お肉はとてもやわらかい！
The meat is so tender!

この香辛料は完璧。
This seasoning is perfect.

Column ♡ Self-fulfilling prophecy

いい自己暗示・悪い自己暗示

「self-fulfilling prophecy」という言葉があります。ちょっとむずかしい言葉ですが、平たく言うと、自分の心の中にそういう考えがあるとそのとおりになってしまう、ということです。古代ギリシャ神話にも出てくる古い考え方で、日本語でいうと「自己暗示」「潜在意識」に近い意味かもしれません。

「self-fulfilling prophecy」の例を挙げます。いつも「貧乏でお金がない」と言っている人は、実際そういう生活を送ってしまいます。もしあなたの目に映るものすべてが"ない"ように見えるなら、チャンスは見つかりません。「この不況ではピアノなんか売れない、家がせまいからピアノを置くスペースなんてないだろう」と思い込んでいるピアノのセールスマンは、潜在顧客と話をしてもまるで説得力がありません。

ポジティブメモを書いて頻繁に目にするところに張るのは、ポジティブな自己暗示につながります。みずから意識して、私たちの人生を楽しく明るい方向に導きましょう。

Chapter 2

気持ちを届けるポジティブメモ

TO OTHERS

To your family　家族へ
To your friends　友達へ
To your coworkers　会社で
To your boyfriend/girlfriend　彼へ　彼女へ

Chapter ❷ 気持ちを届けるポジティブメモ
TO OTHERS

To your family
家族へ

いつもそばにいて温かく見守ってくれる家族に
伝えたい感謝の言葉。英語ならさりげなくできそう!

お母さん、いつも私たちのために
おいしいご飯を作ってくれてありがとう。

Mom, thank you for always preparing fantastic meals for us.

Thank you for ...　　……してくれてありがとう

being there for us.	そばにいてくれてありがとう。
loving us no matter what.	何があっても愛してくれてありがとう。
believing in me.	私のことを信じてくれてありがとう。

日本人は家族に「ありがとう」とあまり言わない印象があります。たぶん、"役割意識"が強いので「父親なら、母親ならそうやって当然」という気持ちがあるのでしょう。料理や掃除は母親の仕事の一部だから、やってもらって当たり前。もし「ありがとう」と言ったら、ちょっと変なのかもしれません。でも一生懸命やったことを認めてもらって、嫌な気持ちがする人はいません。家族内の感謝の言葉は"潤滑油"、家庭内を明るくします。

あなたのユーモアのセンスに感謝します。
I appreciate your having a sense of humor.

I appreciate your ...　あなたの……に感謝します

being a good listener.　話を聞いてくれて本当にありがとう。
smile.　あなたの笑顔に救われた。ありがとう。
not giving up on us.　私たちのことを諦めずにいてくれて感謝します。

英和辞典で「appreciate」の意味を調べてみたら、1番目の意味は「正しく理解・認識する」で、4番目が「ありがたく思う」でした。アメリカの辞書ではどうでしょう？　一番最初の意味は「To be grateful or thankful for（〜に感謝すること）」でした！「appreciate」と「thank you」はほぼ同じ意味の言葉で交換可能です。「appreciate」のほうが「thank you」よりもフォーマルな響きで、"心から"というニュアンスが強く、お礼の手紙でもよく使われます。

How to say it in English?　❶　「頑張って」

おなじみの「頑張って」ですが、まったく同じ意味の英語はありません。たとえば残業中の人に声をかけるとき、日本語では「頑張って」ですが、英語は逆で「Don't work too hard（一生懸命働きすぎないでね）」。努力している人を応援していて諦めてほしくないときは、「Hang in there（ふんばって）」が適切でしょう。困難なことにチャレンジしている人を励ましたいなら「Go for it（目的に向かって進め）」、スポーツの応援なら「Go get them（やっつけろ）」、「全力を尽くしなさい」なら「Give it all you've got」。それぞれ状況に合わせて使い分けます。

それがあなたの素晴らしいところ。

That's what's wonderful about you.

That's what's ...   それが……なところ

great about this place.	それがこの場所の素晴らしいところ。
unbelievable about the whole situation.	それがこの状況全体の信じられないこと。
good about it.	それがいいところ。

「Wonderful」と置き換えられる言葉はたくさんあります。「terrific（すごくいい）」「great（とてもよい）」「lovely（素晴らしい、美しい）」「delightful（喜びを与える）」「fabulous（素晴らしい）」「awesome（すごくいい）」などなど……。「That's what's ... about you（それがあなたの〜なところ）」と言われると、言われた人は自分が評価されたような、認められたような気持ちになります。ぜひあなたの英語ストックに加えてください。

あなたは私の自慢のお父さんです。

I'm proud to have you as my dad.

I'm proud ...　……を誇りに思う、自慢に思う

of you.	あなたを誇りに思う。
that you got all As.	オールAを取るなんて自慢だわ。
you are my daughter.	あなたは自慢の娘よ。

英語では「proud」という言葉を頻繁に口にします。日本と違って、家族の間でもよく使います。たとえば子どもが学芸会で役をもらい、セリフを完璧に覚えたら「あなたが頑張ってやり遂げたことを自慢に思うわ」と両親ははっきりと言葉にします。夫は自分の妻のことを「彼女のような美しい女性を妻にできるなんて自慢だよ」とごく普通に友人に話します。「愚妻」「愚息」は日本独特の愛情表現ですが、英語を話すときははっきりほめてみるのもいいですね。

How to say it in English?　❷　「そうですね」

日本語が母国語でない外国人にとって、いちばんむずかしい日本語は「そうですね」です。とてもよく使う言葉ですが、抑揚によってまったく違う意味になります。「Yes, I agree with you（あなたの意見に賛成です）」という意味もあれば、首をかしげながらゆっくりと言うと「This is probably not possible（たぶん無理です）」の意味になります。時には、話をよく聞いていないのに「そうですね」と相づちを打つ人もいます。声のトーンと抑揚、身ぶりはむずかしいですね！

あなたは世界でいちばん素敵なお母さん！
You're the most fantastic mother in the world!

You're the most ...
あなたはいちばん……です

wonderful father on Earth.
あなたはこの地球上でいちばん素晴らしいお父さん。

understanding person there is.
あなたは最も理解のある人ね。

sweetest little girl I know.
あなたは私が知っている中でいちばんやさしい子ね。

「You're the most」とセットでよく使われるのが「in the world（世界でいちばん）」です。「世界でいちばんおいしいチョコレートケーキ」「世界でいちばんおもしろい番組」「彼女は今、世界でいちばん幸せな女性」など、それがどれだけ特別なものかを強調するときに使います。似たような表現の「What in the world...」は、理解しがたいことについて驚きを表します。「What in the world is that orange thing flying above us?（私たちの上を飛ぶあのオレンジの物体は一体全体、何？）」「It must be an UFO!（UFOに違いない！）」

ゆうべのディナーは素晴らしかった。

Dinner last night was awesome.

... was awesome.　……は素晴らしかった、とてもよかった

That dress you wore last night
あなたが夕べ着ていたドレスは素敵だった。

Your speech at the reception
レセプションでのあなたのスピーチは素晴らしかった。

The movie yesterday
昨日の映画はとてもよかった。

「awesome」は最近よく使われるポピュラーな言葉。「Look at my new bicycle!（見て、私の新しい自転車！）」「Awesome（カッコいい）」のように、「Wow（わぁ）」や「cool（カッコいい）」の代わりにもなりますし、「It was an awesome festival（とても素晴らしいお祭りだった）」のように文章中で使ってもOKです。「Awe」には驚き・敬意・賞賛の意味があり、恐れや懸念を表すこともあるのですが、最近ではそういう使われ方はあまりしなくなりました。

How to say it in English?　③　「よろしくお願いします」

この言葉は状況によって意味が変わります。会議の冒頭に言えば「I'm happy to meet you（お会いできてうれしいです）」に近い意味になり、ビジネスシーンなら「I'm looking forward to working with you（あなたと一緒に仕事できるのを楽しみにしています）」、名前とセットで別れ際に言えば「Say hello to Hideko for me（ヒデコさんによろしく伝えてね）」。英語にはすべての状況に使える便利な言葉はないので、言いたいことは何かを考え、適切な表現を探しましょう。

あなたが私の姉妹でよかった。

I'm so glad you're my sister.

I'm so glad ... ……でよかった、ほっとした

I have a brother like you.
おまえみたいな兄弟がいてよかった。

we have each other.
お互いにいてよかった。

we are together.
私たちは一緒でほっとした。

「Glad」は「pleased（うれしい、喜ぶ）」「willing（……してもいい）」と同様の意味です。上の例文は「pleased」の意味で使われています。「willing」の意味で使う場合は、「We were glad to help with the clean-up（お掃除を手伝いますよ）」「I'd be glad to go to the hospital with you（一緒に病院に行きましょうか）」といった感じになります。「glad」はみんなをほっとさせ、思わず笑顔にする魔法のような言葉なのです。

最近、あなたのことをどれだけ愛しているかって言ったかしら？

Have I told you recently how much I love you?

Have I told you recently ... ?　最近……って言った？

that you are beautiful?
君はきれいだって、最近君に言ったかな？

how great it is to have you in my life again?
僕の人生にまた君がいることがどれだけ素晴らしいかって、言ったっけ？

how grateful I am?
どんなにありがたく思ってるか、あなたに言ったかしら？

ロマンチックなディナータイム、でも会話が行き詰まってしまった。そんなとき、相手の目をじっと見つめて言うのです！「Have I told you recently...」。日本語だとカッコつけすぎに聞こえるかもしれませんが、英語ではそんなことはありません。忙しくて大事な人と話もできない日が続いた。一見冷たく見えたかもしれないけど、本当はずっと気にかけていた。その気持ちを伝えるきっかけの言葉が、「Have I told you recently...」なのです。

How to say it in English?　④　「ご遠慮なく」

辞書で「遠慮」を引くと「hesitate」と載っていますが、それだと文脈に合わないことがよくあります。「遠慮なく質問してください」は「Feel free to ask me anything」、チラシなどを自由に取っていってほしいときは「Please help yourself」、公の場でためらっている人がいたら「Please do not hesitate to approach me（遠慮なく声をかけてください）」。「You can drink all you like without restraint」なら「遠慮なく思う存分飲んでね」です。

私はいつかあなたのようになりたい。

I'd like to be like you someday.

I'd like to ... someday. 私はいつか……したい

go there with you	いつかあなたとそこに行きたい。
be a soccer player like him	彼のようなサッカー選手になりたい。
visit Paris	いつかパリに行きたい。

日本語でも同じような表現がありますよね。これは賞賛の気持ちを表す、究極のほめ言葉であり、尊敬の気持ちを示す表現でもあります。「someday（いつか）」は「その目標を叶えることはできないかもしれない」という意味を含みます。でも、それでもその人のレベルになんとか到達したいと思い、努力するのです。「someday」は文頭に持ってきてもOKです。

How to say it in English? ⑤ 「はいはいはい…」

日本人が英語を話しているときに、よく「Yes, yes, yes」と相づちを打つのを耳にします。「Yes, yes, yes… Yes, I have heard that, too. But that is completely untrue（はいはいはい、私もそれは聞きました。でもまったくの嘘ですよ）」。ここでアメリカ人は驚いてしまいます。英語で「yes」は話の内容に同意する場合に使います。一方日本語では「話を聞いています」というサイン。話の内容に同意してもらっていると思っていたのに最後に「違う」とひっくり返されては、混乱してしまいます。相づちは「yes」の代わりに「uh, hun」を使ってください。

To your friends
友達へ

時には「あなたは素晴らしい友人だ」と
言葉にして、友情を深めるきっかけに。

いつもそこにいてくれてありがとう。

Thanks for always being there for me.

Thanks for always ... いつも……してくれてありがとう

being kind. いつも親切にしてくれてありがとう。
setting me straight! 間違ったとき、いつも正してくれてありがとう！
keeping a level head. いつも冷静でいてくれてありがとう。

「being there for me」は本当に心のこもった言葉で、頼れる存在がいつもいてくれて心強いというニュアンスを表します。「I'll be there for you」は、物理的にも精神的にもあなたのそばにいる、支えていると伝えたいときに使うフレーズです。「I'm sorry I wasn't there for you（いざというときにいてあげられなくてごめん）」はそれとは反対の状況です。

あなたにはとても才能がある！
You are so talented!

You are so ...　　あなたはとても……だ

special.　　　　　あなたは特別。
skilled.　　　　　あなたはとても優れている。
competent.　　　あなたはとても有能だわ。

日本語で「タレント」はテレビに出ている有名人を指しますね。英語では「talent」は生まれつきの才能や素質、適性のことをいいます。「タレント」を英語で言うとしたら「entertainer（エンターテイナー、芸能人）」でしょうか。「You are so talented」と言った場合、憧れの気持ちが含まれていることがあります。

あなたはとても聞き上手な人ね。

You are such a good listener.

You are such a ...　　あなたはとても……な人だ

doll.	あなたはとてもかわいい人。
great dancer.	あなたは本当に素晴らしいダンサーだわ。
good friend to me.	あなたは私にとって本当に大切な友達。

「hear」と「listen」の違いを覚えていますか？「hear」は音や声がただ耳の中に入ってくる、「listen」は話を集中して聞きます。聞き上手な人は、相手が話をしている間に話をさえぎったり、話題を変えたり、自分が次に話すことを考えたりしません。「I see（なるほど）」「Uh, hun（そうですか）」「Yeah（はい）」「Hmmm（うーん）」といった相づちで上手に話を促します。

How to say it in English? 6 「いただきます」

日本人ならみんなが使う「いただきます」は英語にはありません。フランス語の「Bon appetit（召し上がれ）」を使ったり、宗教を信仰している人だと食事の前にお祈りを捧げることもありますが、多くの人は「Everything looks delicious（おいしそうですね）」と目の前の料理の感想を言い、誰かが「食べましょう」と言うのを合図に食べ始めます。気の置けない人たちとの食事では「Dig in!（食べな！）」と言うこともあります。

ずっと友達よね？

Friends forever, OK?

..., OK? ……だよね、いい？／……だね

Remember to write	書くのを忘れないでよ？
Keep in touch	連絡してね、いい？
Tonight at seven	今夜7時ね。

「OK」にはたくさんの意味があります。あなたが誰かに「今日のランチはどうだった？」または「テストはどうだった？」と聞いたとします。返事が「OK」だったら、とても素晴らしかったわけではなくまあまあだった、という意味になります。ゆっくり「OK…」と言えば、そのことを信じていないサインになりますし、文脈によっては「ストップ」の意味にもなります。

いつでも私のことを頼ってね。

You can always count on me.

You can always ...　あなたはいつでも……できる

believe me.　　　　　　　　　　　　いつでも私のことを信じて。
call me when you need to talk.　話したいときはいつでも電話してね。
start over.　　　　　　　　　　　　あなたはいつでもやり直せる。

「count on」は「頼る」「信頼する」「確信する」といった意味です。「I can count on you to always be there for me, right?（いつも私のそばにいるって信じていいよね？）」「I'm counting on you to bring home the top prize again（また一等賞を取ってくるって信じてるわ）」。頼れる人、信じられる人がいるのは貴重なことです。あなた自身は誰かに頼られていますか？

How to say it in English?　⑦　「ごちそうさま」

「いただきます」と同じように「ごちそうさま」も英語にはありません。食べ終わると「That was wonderful（とてもおいしかったです）」「I really enjoyed that, thank you（おいしくいただきました）」といった言葉を伝えます。食事中におかわりをすすめられたら、いただく場合は「Yes, thank you」、断る場合は「I'm stuffed」「I'm more than satisfied」（もうおなかいっぱいです）、そして最後に必ず「thank you」と添えます。誰かのお宅に招かれている場合は、「Let me help you clean the plates（後片づけのお手伝いをしましょうか）」と申し出ましょう。

あなたはできるってわかっていたわ！

I knew you could do it!

I knew ...   ……とわかっていた、知っていた

anything was possible with you.
あなたとならどんなこともできるってわかっていた。

it wouldn't be difficult.
それはむずかしくないと知っていた。

that the timing was right.
タイミングはちょうどよいと知っていた。

声に出して言うときは「knew」にアクセントを置きます。書くときは、下線を引いて強調するとよいでしょう。これはやる気を起こさせてくれるフレーズです。なぜなら「あなたにはそれをやれる能力があると信じていた」という意味が隠されているからです。このフレーズはむずかしいことを成し遂げた人に、気持ちを込めて伝えると効果的です。

To your coworkers
会社で

仕事に頑張る同僚や後輩を励ますのに
ポジティブ英語は最適です。

あなたは命の恩人だ！

You're a lifesaver!

You're a ...!　あなたは……だ！

visionary	あなたは先見の明がある！
successful man	あなたは成功したのよ！
effective manager	あなたは有能なマネージャーだ！

海やプールを監視し溺れたりしたときに助けてくれる救命隊員や、海岸やプールにある救命用のブイは「lifesaver」と呼ばれ、苦境から救ってくれる人や道具のたとえとしてよく使います。「You are a/an …」は「あなたはズバリ……」「……そのもの」という意味です。ほめ言葉を言うときに名詞を使ってたとえるのは、とても英語らしい表現です。「Lifesavers」は、とても有名なカラフルなリング型のキャンディの名前でもあるんですよ。

いったいどこでそのやり方を覚えたの?

Where did you learn how to do that?

Where did you ... ?　いったいどこで……したの?

discover it	いったいどこでそれを見つけたの?
go first	いったいどこで先に行ったの?
get your training	いったいどこでトレーニングしたの?

誰かの行為に驚きを示すときに言います。「in the world」を付け加えると、「Where in the world did you learn how to do that?（一体全体どこでそのやり方を覚えたの?）」といった感じで強調することができます。この表現には行われたことに対する驚きと賞賛の意味も込められていて、疑問文ですがとくに答えを求めていないこともあります。「Where did you... ?」の後は「Wow! I'm impressed（感動した）」や「Unbelievable（信じられない）」と続けます。

なんてオリジナリティにあふれているんだ!

How ingenious!

How ... !　　なんて……なんだろう!

magnificent	なんて見事なんだろう!
original	なんて独創的なんだ!
quick	なんて速いんだ!

誰かが賢い解決方法を思いついたとき、問題を改善する方策を生み出したとき、そんなときに「ingenious」という言葉を使います。「What an ingenious design!（なんて工夫に富んだデザインなんだ!）」「Her ingenious idea made her a millionaire!（彼女は独創的なアイデアで大金持ちになった）」。「Ingenious!」と単体で使うこともできます。

How to say it in English? ❽ 「むずかしい」

日本では「むずかしい」は「No」の意味でも使われますが、英語は違います。「Yes, it is a challenge but I will do it the best I can（それは挑戦ですね、できる限りやってみます）」と言ったり、限りなく望みがない場合は「I'm sorry but that is not feasible（すみません、実現不可能です）」「That's not possible at the moment（現時点では無理です）」と正直に言い、その理由を必ず説明するようにします。あいまいなクッション言葉は避けないと誤解を招き、最悪の場合、信用を失うことになってしまいます。

あなたはこの会社で最高の営業マンよ。

You're the best salesperson in the company.

You're the best ...　あなたは最高の……だ

director the company has ever had.
あなたは歴代の取締役の中で最高だ。

accountant there is.
あなたは最高の会計士だ。

employee in this branch.
あなたはこの支社で最高の社員よ。

たとえば誰かがあなたに親切にしてくれたとき、ありがとうの気持ちを伝えるために、お菓子などのちょっとしたお礼をしますよね。そのときに「You're the best. Thank you!」と書いたメモを添えて渡すと素敵です。この言葉には「あなたがやってくれたことはちゃんとわかっています」という意味が込められているのです。

あなたはいつもツボを押さえている。

You always push the right buttons.

You always ... あなたはいつも……だ

know what to say.	あなたはいつも言うべきことがわかってる。
make people happy.	あなたはいつもみんなを幸せにする。
do a good job.	あなたはいつもいい仕事をする。

「push the right buttons」、かわいい表現だと思いませんか？"正しいボタンを押す"人は、望まれた結果を得るために必要とされていることをします。エレベーターのボタンのように、押せば期待どおりの結果が出てくるのです。また、こんなふうに、ネガティブなことにも使います。「I pushed the wrong button when I asked about her husband（私、彼女にダンナさんのことを聞いちゃったの。地雷を踏んだわ）」

How to say it in English? 9 「いつもすみません」

決まり文句の代表ですね。お願い事をする前のクッション言葉としてもよく使われます。そう、「すみません」はお詫びではありません。まず最初の意味は「Sorry to keep bothering you（何度もお邪魔してごめんなさい）」「It's me again, I hope you don't mind（また私です、お邪魔じゃないとよいのですが）」、また「I'm grateful for all your help（あなたの助けに感謝しています）」「Thank you always for everything（すべてにおいてありがとう）」と感謝の意味もあります。

To your boyfriend/girlfriend
彼へ／彼女へ

思い切って、ダイレクトに気持ちを伝えてみましょう。
ふたりの関係もポジティブに変わるはず！

君は美しい。

You're beautiful.

You're ...　　君は……だ

my one and only.　　　　あなたは私にとって唯一の存在。
the apple of my eye.　　君は僕のとても大切な人。
my woman.　　　　　　　君は僕のもの。

私たちの文化では、決まり文句は好ましいとされており、「You're beautiful」はとてもよく使われます。日本人の男性が、このセリフを女性に言う姿を想像するのはむずかしいですね。でもあなたは英語についての本を読んでいるのですから、思い切ってこういった表現を使ってみたらどうでしょうか？　一般的に日本人はアメリカ人ほど他人のことをほめませんよね、だからほめてみて、何が起こるか見てみましょう！

心から君を愛している

I love you with all my heart.

... with all my heart.　心から‥‥‥だ

Thank you	心から感謝します。
Thinking of you	心から君のことを思って。
I made it	心をこめて作りました。

「心から」‥‥‥なんて美しい気持ちでしょう！　親しい人にあてた手紙の最後を締めくくるときに、「With all my heart, Akane」といった具合に書きます。もし、誰かに特別な理由はないけれど贈り物をするなら、「With all my heart (to you)」と書いたカードを添えることもできます。また誰かに愛を伝えるためのメールなら、件名に「With all my heart」と書いてもよいです。

How to say it in English?　⑩　「つまらないものですが」

この言葉を聞くと「そんなものはいらない！」と思ってしまいますが、日本は謙遜する文化、日本人の贈り物はつまらないものではありませんよね。英語では「I got this especially for you! I hope you like it（あなたのために用意したの、気に入ってくれるとうれしいわ）」「I thought this would be the perfect present for you. Open it!（あなたにぴったりだと思ったの。開けてみて！）」と日本とは反対のことを言います。もしも本当にささやかな贈り物なら、「It's just a little something for you（ちょっとしたものだけど）」「It's the thought that counts（本当に期待しないでね）」と言います。

僕と一緒に年を重ねていってくれる？
(結婚してください)

Grow old with me, will you?

..., will you?　……してくれる？

Marry me
結婚してくれる？

Go to Disneyland with me
私と一緒にディズニーランドに行ってくれる？

Knit me a sweater
僕にセーターを編んでくれる？

「オレのためにみそ汁を作ってくれ」という、日本語のクラシックなプロポーズの言葉にちょっと似ていますね！　相手に誓いの気持ちを伝える、遠回しで魅力的な言い方です。恋愛関係とは"今この瞬間"だけのことではなく、ずっと一緒にいられるように願うことでもあるのです。「will you?」を加えると、相手に確認を求める形になります。

僕には君がとても必要なんだ。

I need you so much.

... so much.	とても……だ、本当に……だ
I love you	僕は君のことをとても愛している。
I think of you	あなたのことをよく思う。
I trust you	僕は君のことをとても信頼している。

「need（必要である）」は恋愛関係でよく使われる言葉です。「I need you to be there with me（君が必要なんだ、僕のそばにいてほしい）」「We need each other in times like this（こういうときこそお互いが必要なのよ）」「Do you know how much I need you?（僕がどれだけ君を必要としているか知っているかい？）」など、いろいろあります。あなたのことを必要としている人に必要とされるのは、なんともいえない素晴らしいことです！

How to say it in English? 11 「お疲れさま」

仕事のプロジェクトが終わったときなどによく言う「お疲れさま」、これも英語に訳すのがむずかしい言葉です。「お疲れさま」という言葉で伝えたいことは何でしょう？ まずそれを考えて、それから適切な英語のフレーズを考えてみましょう。チームプロジェクトで全員が一生懸命働いて成功を収めたなら「We did it!（私たちはやった！）」、1人で頑張った人には「Well done（よくやったね）」「Good job（よくできた）」。また非常に素晴らしい成果を上げた人には「I couldn't have done it better myself（あなたほどうまくできる人はいない）」などです。

私たちはそうなる運命だったのよ。

We were meant to be.

... meant to be. ……は運命だった、……する運命だった

Our meeting at that party was
私たちがこのパーティで出会うのは運命だったのよ。

Marrying you was
君と結婚するのは運命だった。

This engagement ring was
この婚約指輪は運命だった。

「meant to be」は前もって運命づけられている、運命や宿命を意味します。「He's the first man that I want to introduce to my parents. That must mean that we were meant to be!（彼は私が両親に紹介したいって思った最初の男性なの。それって運命だったってことよね！）」。人生にはさまざまなことが起こりますが、時には運命的なこともあるんですね。

How to say it in English? ⑫ 「いってらっしゃい」

これも英語にない決まり文句です。出かけ際に言う言葉としては、「See you later!（後で会いましょう）」「Have fun（楽しんでね）」、旅行などに行く人には「Remember to email me when you arrive（着いたらメールしてね）」などがあります。半分冗談で子どもに言うように「Behave yourself now（お利口にしててね）」と言ったりもします。「Bye!」「Enjoy!」「Have a good day!」もよく使います。

Chapter 3

3ステップで覚える便利表現

3 STEPS

Scene 1　ベッドから出たくない
Scene 2　急がないと遅刻しちゃう
Scene 3　置き忘れちゃった
Scene 4　雨宿りする
Scene 5　いい筆記用具を見つける
Scene 6　レストランに行く
Scene 7　乳液がない
Scene 8　視力が落ちた
Scene 9　ぬいぐるみを買う
Scene 10　冷蔵庫の掃除をする
Scene 11　海外旅行に行く
Scene 12　雨がやんだら
Scene 13　家庭菜園
Scene 14　服を整理する
Scene 15　ネットオークション
Scene 16　雑誌を見る
Scene 17　興味がなかったこと
Scene 18　同窓会に出席する
Scene 19　おばあちゃんの誕生日
Scene 20　映画に行こうと思ったら

Chapter 3 3ステップで覚える便利表現

3 STEPS

scene 1

ベッドから出たくない

1 目覚まし時計が鳴ってる。起きる時間だわ。
There goes the alarm clock. Time for me to get up.

2 あ〜今日はずっとベッドの中にいられたらなあ。
Boy I wish I could stay in bed today.

3 ちょっと待って。今日は日曜だ。ベッドに戻ろう！
Oh wait... today's Sunday. Back to bed I go!

→ **Back to...**　また……に戻る

Back to school I go!　　　　　　また学校に戻るのか！
Back to the office I go!　　　　　（ランチ後に）オフィスに戻るわよ！
Back to the same routine I go!　いつもの日常に戻るんだわ！

「また戻ればいいんでしょ！」と自分で自分を明るくなぐさめる、楽しい言い回しです。"声に出す独り言"がうまくできるとかっこいいですね。

scene 2
急がないと遅刻しちゃう

1 遅刻しちゃう！
I'm running late!

2 電車に飛び乗る。
I hop on a train.

3 ツイてる、急行電車だ。
これなら時間に間に合う。
Lucky for me it's an express train. I'll make it in time.

➡ **Lucky for me...**　……でよかった、ツイている

Lucky for me it's Sunday.	やった！　今日は日曜日だ。
Lucky for me I finished early.	ラッキーなことに私は早く終わった。
Lucky for me my boyfriend is rich.	私の彼がお金持ちでよかった。

これも"声に出して言う独り言"のおもしろい表現です。こうやって自分はラッキーだ！と言っていると、実際にそうなりますよ。

scene 3
置き忘れちゃった

1 好きな本をどこかに置いてきてしまった。
I misplaced a book that I liked.

2 彼氏に会った。
I saw my boyfriend.

3 彼は私が置き忘れた本とまったく同じ本をプレゼントしてくれた！
He gave me the exact same book that I misplaced!

➡ I misplaced...　……を置き忘れた、なくした

I misplaced my address book.	アドレス帳をなくした。
I misplaced your business card.	あなたの名刺をどこかに置いてきた。
I misplaced my keys.	鍵を置き忘れてしまった。

物をどこかに置き忘れてきてしまった、だけどどこだったか覚えていないというときに使います。「Lost（失くした）」に近い言い方です。

scene 4
雨宿りする

1 雨が降り始めた。
It's starting to rain.

2 近くで雨宿りをした。
I took shelter nearby.

3 イケメンの男性も同じように雨宿りをしていて、私たちはメアドを交換した！
A handsome guy did the same and we exchanged email addresses!

➡ **...did the same**　……も同じことをした

My little sister did the same.	妹も同じことをした。
Everyone in the class did the same.	クラスのみんなが同じことをした。
The foreigner did the same as not to cause embarrassment.	その外国人は周囲を困惑させないように同じことをした。

他の人と同じように、そのとおりにするときに使います。

scene 5
いい筆記用具を見つける

1 自分で高価な万年筆を買った。
I bought myself an expensive pen.

2 書き味がとってもなめらか！
It writes so smoothly!

3 たった数時間で短編小説を書いてしまった。
I penned a short story in just a few hours.

➡ **...in just a few hours**　わずか数時間で……

I finished the poem in just a few hours.　数時間で詩を書き上げた。
I made the whole meal in just a few hours.　わずか数時間で料理を全品作った。
I can read the short story in just a few hours.　短編小説をほんの数時間で読んでしまう。

何かするときに、たいして時間がかからない場合に使います。「こんなに短い時間でできてしまった」という驚きの意味が含まれることもあります。

scene 6
レストランに行く

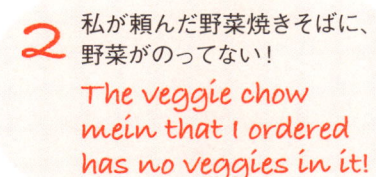

1 中華料理店に行った。
I went to a Chinese restaurant.

2 私が頼んだ野菜焼きそばに、野菜がのってない！
The veggie chow mein that I ordered has no veggies in it!

3 ああ、野菜は麺の下にあった。
Oh, the veggies were hidden under the noodles.

➡ **be hidden under...**　……の下にある、隠れている

The engine was hidden under the cover.
エンジンはカバーの下にあった。

The trick was hidden under the handkerchief.
手品のトリックはハンカチの下に隠されていた。

The birthday present was hidden under the table.
誕生日プレゼントはテーブルの下にあった。

一目瞭然ではない、ぱっと見てわからない状態を表します。

Scene 7

乳液がない

1 乳液を切らしちゃった。
I'm out of face lotion.

2 お母さんのを使おう。
I'll use Mom's.

3 知らなかった！
これ、いいじゃない。
次は私もこのブランドの商品を買おう。
What a discovery! This is great stuff. Next time I'm buying this brand.

➡ **be out of...** ……がない、不足している

I'm out of brown sugar.	黒砂糖を切らしている。
I'm out of luck.	ツイていない、運がない。
I'm out of a good job.	いい仕事がない、首になった。

あるべきものがなくなってしまった状態のことを指します。「仕事」や「運」など比喩的に使うこともあります。

scene 8

視力が落ちた

1 以前は視力1.0だったのに。
I used to have 20-20 vision.

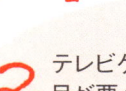

2 テレビゲームのやりすぎで目が悪くなったのかな？
Could it be that too much video gaming has harmed my eyes?

3 いずれにしても、ボクの彼女は相変わらずきれいに見えるよ。
In any case, my girlfriend looks beautiful as ever.

➡ **In any case,** いずれにしても、ともかく

In any case, it's all over now.
ともかく、すべて終わった。

In any case, there is nothing that I can do about it now.
いずれにしても、今私にできることは何もない。

In any case, everything will work out well.
どんな事情にせよ、すべてうまくいくよ。

何かについて述べた文章の後で「so（だから、なので）」のように使われることもあります。

scene 9

ぬいぐるみを買う

1 私はぬいぐるみを買った。
I bought a stuffed animal.

2 ぬいぐるみを手から落とした。
I dropped it.

3 あれ？ これはしゃべるタイプのぬいぐるみね！
What? Oh, it's the kind that speaks!

→ **It's the kind that...**　それは……の種類だ、……のタイプだ

It's the kind that cleans itself.
自分で自分を洗浄するタイプだ（洗濯機など）。

It's the kind that updates automatically.
それは自動更新するタイプだ。

It's the kind that doesn't break easily.
これは簡単には壊れない種類だ。

物の種類やバージョンを説明するときに使えます。

Scene 10

冷蔵庫の掃除をする

1 冷蔵庫の中を片づけよう。
I'm going to clean out the refrigerator.

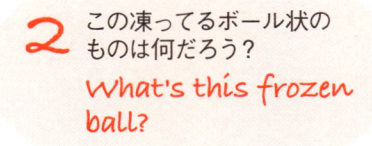

2 この凍ってるボール状のものは何だろう?
What's this frozen ball?

3 わぁおいしそう、あんまんだ!
Yummy-it's a bean-filled bun!

→ **Yummy-it's...** おいしそう、……だ

Yummy-it's Mom's homemade brownie!
おいしそう、お母さんお手製のブラウニーだ!

Yummy-it's a real hamburger!
おいしそう、これぞ(ファストフードじゃない)本物のハンバーガーよ!

Yummy-the pizza looks delicious.
うわ〜このピザ、すごくおいしそう。

「yummy」は「おいしそうに見える、食欲をそそる」という意味です。子どもが使う言葉ですが、大人でもかわいい感じを出したいときに言うことがあります。

Scene 11
海外旅行に行く

1 イタリアのベニスに行った。
I went to Venice in Italy.

2 私たちはゴンドラに乗ってホテルまで行った。
A gondola took us to our hotel.

3 ゴンドラの船頭さんが美しいカンツォーネを歌ってくれた。
The gondolier sang us a beautiful canzone.

➡ ...took us to~　……で〜に行った、……が〜まで連れていってくれた

The flight took us to Amsterdam.
私たちはその便でアムステルダムに行った。

The taxi took us to our destination.
私たちはタクシーで目的地にたどり着いた。

The job took us to Osaka.
この仕事のおかげで大阪に行けた。

「私たちを〜に連れていった」という表現ですが、乗り物だけでなく「結婚して海外赴任することに」などいろいろな場合に使えます。

scene 12
雨がやんだら

1 雨が降ってきたけど、傘がない。
It's starting to rain and I have no umbrella.

2 雨宿りをするためにカフェに入った。
I take refuge in a cafe.

3 雨がやんだら、きれいな虹が出てきた！
The rain stopped and a beautiful rainbow appeared!

→ **...stopped and ~**　……が終わったら～した

The music stopped and the sound of people laughing could be heard.
音楽が止まったら、人々の笑い声が聞こえた。

The car stopped and everyone got out to stretch.
自動車が止まると、みんな車から出てきて体を伸ばし始めた。

The machine stopped and the room became silent.
機械が止まると、部屋は静かになった。

「……が終わったら～が始まった、～になった」はふだんの生活でもよく使う言い方ですよね。そのまま文字どおりに言えばOKです。

Scene 13

家庭菜園

1 家庭菜園を始めた。
I've started gardening.

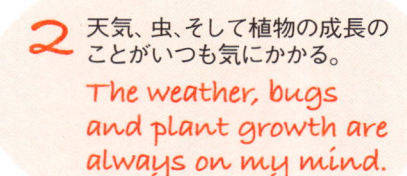

2 天気、虫、そして植物の成長のことがいつも気にかかる。
The weather, bugs and plant growth are always on my mind.

3 育てた野菜は見かけは悪いけれど、味はすごくいい!
The veggies might not look like much but they taste great!

➡ ...might not look like much but~ ……は見かけは悪いが、実は～

The painting might not look like much but it's a Picasso.
この絵画はパッとしないけど、ピカソの作品なの。

The house might not look like much but it's sitting on prime real estate.
この家は見た目はたいしたことないが、一等地にある。

The man might not look like much but he's actually a famous writer.
この男性は見た目はイマイチだが、実は有名な作家だ。

見かけはたいしたことなくても……ルックスにだまされないで、判断は慎重に!

scene 14

服を整理する

1 なんてたくさんの服が
クロゼットにあるのかしら！
So many clothes in my closet!

2 服を全部整理するのに
丸一日かかる。
Spend all day sorting through everything.

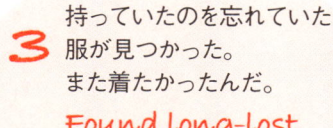

3 持っていたのを忘れていた
服が見つかった。
また着たかったんだ。
Found long-lost clothes that I want to wear again.

➡ **So many...**　なんてたくさんの……

So many watches I have! I think I will sell them all.
なんてたくさんの時計を持っているんだろう！　全部売ってしまおう。

So many things that I want to do but not enough time!
やりたいことがたくさんあるけど、やる時間がない！

So many happenings that I've lost count!
いろいろな出来事が起こって、数え切れなくなった！

たくさんの服、たくさんの時計、たくさんの出来事……特に探さなくても、使うシーンはたくさんありますね。

scene 15
ネットオークション

1 限定版のバッグが欲しかったのに買えなかった。
I couldn't purchase the limited edition bag that I wanted.

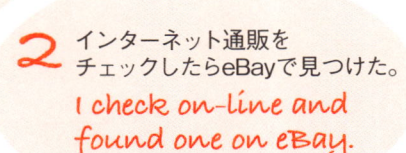

2 インターネット通販をチェックしたらeBayで見つけた。
I check on-line and found one on eBay.

3 しかも安く買えた。
I could get it for a good price, too.

➡ **I could get it for...**　（安い値段／いい値段）で買えた

I could get it for just a deposit of 10,000 yen.
1万円の内金でとりあえず手に入れられた。

I could get it for almost nothing!
ほとんどタダで手に入れられた。

I could get it for less than half of the regular cost.
半額以下で買えた。

「I could get it for...」は「予想していたよりも安く買えた」というニュアンスを含んでいます。「I could get it for a song（タダ同然で手に入れられた）」という言い回しもあります。
※eBayは欧米のインターネットオークションサイト

Scene 16
雑誌を見る

1 雑誌をパラパラ見ていたら、おいしそうな料理の写真が目に飛び込んでくる。
Browsing a magazine I come across a delicious-looking dish.

2 アンチョビ以外の材料は全部あるわ。
I have all the ingredients on hand except for anchovies.

3 本当においしくできたわ。このレシピはとっておこう。
It came out really well. This recipe is a keeper.

➡ **come out...**　……にできあがる

The painting came out looking quite real.
絵はかなりそっくりに描けた。

The presentation came out better than expected.
プレゼンは予想していたよりも上手にできた。

It all came out wonderfully.
最終的に全部うまくできた。

「come out（できあがる）」はこのほかにも「〜な結果になる」「写真に写る」「発行される」「公言する（カミングアウト）」など幅広く使えます。

scene 17
興味がなかったこと

1 たいして興味がなかったのに、友達と一緒にハイキングに出かけるはめになった。
I wasn't really interested but I ended up going hiking with a friend.

2 山頂はきれいで空気がとても爽やかだった！
The mountaintop was beautiful and the air so refreshing!

3 すっかり山歩きが好きになっちゃった。
I've become quite the hiker now.

➡ **I've become quite ... now.**　今やすっかり……になってしまった

I took a bread-making class and I've become quite the baker now.
パン教室に通ったら、とうとうパン職人になってしまった。

After many years of refusing to ever sing in public, he's become quite a karaoke fan now.
彼は長いこと人前で歌うのをイヤがっていたのに、今やすっかりカラオケファン。

I've become quite the farmer after learning about organic farming.
有機農業について学んだ後、ついに農家になった。

思ってもいなかったような変化、そしてそれに今やすっかりのめり込んでいるという意味を含んでいます。

Scene 18

同窓会に出席する

1 同窓会に出席した。
I attended a class reunion.

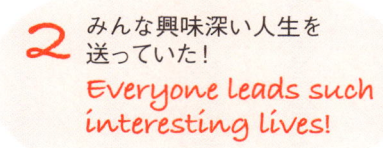

2 みんな興味深い人生を送っていた！
Everyone leads such interesting lives!

3 再会して交友関係を復活させるのは素敵なことね。
Renewed friendships are wonderful.

➡ **I attended...** ……に参加した、出席した

I attended a yoga class.　　　　ヨガのクラスに参加した。
I attended every meeting!　　　すべての会議に参加した！
I attended the lecture.　　　　　講義に出席した。

「参加する」「加わる」などの意味をもつ単語は、他に「join」「participate」などがあります。

scene 19
おばあちゃんの誕生日

1 もうすぐおばあちゃんの80歳の誕生日だ。
Soon it will be my grandmother's 80th birthday.

2 おばあちゃんのために肩掛けを編んだ。
I knitted a small afghan for her.

3 おばあちゃんが喜んでいるのを見て、私もうれしくなった！
It made her happy which made me happy!

➡ ...made–~which made me ~
……が—を～させ、（それを見て）私も～になった

The movie made her smile which made me smile!
その映画を見て彼女は笑顔になり、私もなった！

The little boy made her laugh which made me laugh!
小さな男の子が彼女を笑わせた。私も思わず笑った！

The smell of garlic made him hungry which made me hungry!
彼はにんにくの匂いでおなかがすき、私までおなかがすいた。

「私も同じように……になる」という言い方です。日常生活では意外と使う場面の多い表現ですよね。

scene 20
映画に行こうと思ったら

1 ジョニー・デップの
新作映画が始まったわ。
Johnny Depp's new movie is showing now.

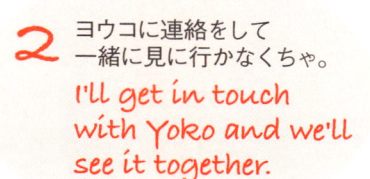

2 ヨウコに連絡をして
一緒に見に行かなくちゃ。
I'll get in touch with Yoko and we'll see it together.

3 ええ！ ヨウコったら
もう見ちゃったの！
What a bummer—she said she'd already seen it!

➡ **What a bummer**　うそでしょ、ええ！

What a bummer–it has 1500 calories!
うそでしょ、これ、1500キロカロリーもあるの！

What a bummer–I have to work despite it being a national holiday.
ええ！ 祝日なのに働かなくちゃいけないなんて。

What a bummer–I didn't bring my umbrella.
うそ〜！ 傘、持ってこなかった。

こんなはずじゃなかった、がっかり、期待はずれ……。そんな状況のときによく言います。

Column ♡ Make Lemonade

甘いレモネードは酸っぱいレモンから

　人生がうまくいかないとき、ポジティブでいるのはむずかしいことです。しかし、私たちの運命を決定づけるのは"出来事"ではありません。その出来事に対してどう"行動"するかです。状況そのものは変えられなくても、考え方や見方は変えられるはずです。英語には「人生があなたにレモンを与えたら、レモネードを作りなさい」という言葉があります。これは人生において何があろうとも、発想の転換でプラスに変えることができる、という意味です。酸っぱいままのレモンを食べるか、それを甘いレモネードにするのか、それはあなたの選択次第。ポジティブメモという選択をしたら、きっとあなたの人生もよい方向に行くはずです。ポジティブメモで、レモンからレモネードを作りましょう！

Chapter 4

心に残るポジティブセンテンス

POSITIVE SENTENCES

Chapter 4 心に残るポジティブセンテンス
POSITIVE SENTENCES

Happiness is nothing more than good health and a bad memory.

幸せとは、健康で記憶力が悪いということ、
ただそれだけである。

Albert Schweitzer
アルベール・シュバイツァー(フランスの医師、神学者)

あなたを幸せにしないことは忘れてしまうべき……と言う代わりに「記憶力が悪い」と言うのは、とてもユーモアのあるおもしろい言い方ですね。

To have "a bad memory" is a charming way to say that you should forget things that don't make you happy.

If you can dream it, you can do it.

夢見ることができれば、やり遂げることもできる。

Walt Disney
ウォルト・ディズニー(アメリカの実業家)

ウォルト・ディズニーの思想は想像力、創造性、希望です。ディズニーランドを造る前、彼は家の近所の遊園地に出かけました。でもそこは、家族みんなで楽しめるような美しい場所ではありませんでした。これがきっかけになって、彼はディズニーランドを造ろうと思い立ち、見事造り上げたのです。

Mr. Walt Disney built the Disneyland based on his ideals: imagination, creation and optimism. Before Disneyland, he visited a park near his home and he thought that the place was dirty, only for kids, and run by people who only wanted to take their money. That's when he hit upon an idea to make his own theme park.

The purpose of our lives is to be happy.

人生の目的とは、幸せになることです。

Dalai Lama
ダライ・ラマ14世（チベット仏教の最高指導者）

私たちは修業するために生きている、だから人生は困難や障害が満ちているのだという人がいます。困難は人生の教訓に変え、克服し、苦しいことは幸せに変えましょう！

Some people will say that we exist to learn and grow, therefore life is full of challenges. We should strive to transform our challenges into life lessons and change hardships to happiness by overcoming them!

To be happy, we must not be too concerned with others.

幸福になるためには、
他人にあまり興味をもたないことです。

Albert Camus
アルベール・カミュ（フランスの作家）

すぐに他人と比べる人は、自分は人よりも劣っていると感じがちです。自分を他人の物差しで測るのはやめましょう。あなたの人生なのですから！

People who tend to compare themselves to others often end up feeling "small". Stop measuring yourself to someone else's standards. Live your life!

If we all did the things we are capable of doing, we would literally astound ourselves.

もしわれわれが自分たちにできることをすべて行えば、そのことにわれわれ自身が文字どおり仰天するだろう。

Thomas Edison
トーマス・エジソン（アメリカの発明家）

エジソンが発明した電球には、京都の竹が使われていることを知っていますか？　実はエジソンは日本と縁が深く、彼の研究所にも日本人スタッフがいたそうです。その中の一人のスタッフはのちにNECの創業者になりました！

Did you know that Thomas Edison used bamboo from Kyoto for filament in his famous incandescent light? He has many connections with Japan, in fact one of his staff members was Japanese and he went on to establish Nippon Electric Company!

Success is a journey, not a destination.

成功とは旅路であり、終着駅ではない。

作者不詳

これは有名な格言ですね。人は目的地に到達することに夢中になるあまり、その途中の風景を味わうのを忘れてしまうことがあります。なんという時間の無駄でしょう！

This is a very common phrase. Often people are so busy trying to reach their goal that they don't appreciate the scenery along the way. What a waste of time that is!

Sorrow shared is halved. Joy shared is doubled.

悲しみを分け合えば、半分の悲しみ。
喜びを分け合えば、2倍の喜び。

古いことわざ

もともとスウェーデンのことわざといわれています。英語でもよく使います。よいこと・悪いことを分かち合える人がいるのは素晴らしいことです。もしそういう人がいるなら、その人の存在に感謝しましょう。まだ出会えていない人も、必ず会えます！ 待つだけの価値がありますし、待った分だけ喜びは大きくなります。

Believed to originally be a Swedish proverb, it's used quite often in English. Having someone to share good and bad things with is precious. If you have such a person, treasure and appreciate him or her. If you haven't met such a person yet, trust that when you do, it will be worth the wait and extra sweet for it.

The power of imagination makes us infinite.

想像力には私たちを無限にする。

John Muir
ジョン・ミューア（アメリカの博物学者）

ジョン・ミューアは環境保護活動の父です。原生林の保護に尽力し、ヨセミテ国立公園の設立に貢献しました。彼の想像力によって森林は守られ、保護されました。あなたは自分の想像力を何に使いますか？

John Muir is considered the father of environmental activity protecting ancient forests. He established Yosemite National Park. Through the power of his imagination, he has protected and saved forests for humankind. What will you use your imagination for?

Keep away from people who belittle your ambitions.

あなたの夢を見くびり、けなす人々は避けなさい。

Mark Twain
マーク・トウェーン（アメリカの作家、『トム・ソーヤーの冒険』の著者）

どんな理由であれ、非協力的な態度をとってあなたのことを邪魔する人たちがいます。そんな人たちに煩わされないでください、彼らは本当の意味でハッピーな人たちではないのですから。あなたをあなたとして受け入れてくれる人たちと接しましょう。

There will always be people, for whatever reason, who try to derail you by being less than supportive. Don't bother with such people as they themselves are never truly happy individuals. Choose the people you keep near you.

People will be just about as happy as they make up our minds to be.

人はどれだけ幸せになろうかと心に決めたのと
同じだけ幸せなのである。

Abraham Lincoln
エーブラハム・リンカーン（第16代アメリカ合衆国大統領）

時には私たちを不幸にする出来事も起こります。でも、もし何があろうとも自分は幸せでいようと決めたとしたら、誰がその幸せを否定できるでしょう？ リンカーンの人生は決してバラ色ではありませんでした。でも彼は決してあきらめず、ついには世間に影響を与える立派な人物になりました。

Sometimes things happen that make us less than happy. Well, if we decide to stay happy no matter what, who can deny us happiness? Abraham Lincoln didn't have a rosy life, yet he never gave up and in the end became a very influential person.

The thing always happens that you really believe in, and the belief in a thing makes it happen.

本当に信じていることは必ず起こる、
信じることがそれを実現させる。

Frank Lloyd Wright
フランク・ロイド・ライト（アメリカの建築家）

フランク・ロイド・ライトは1920年代に帝国ホテル東京の「ライト館」を建築したことで有名です。彼は建築家であり、日本の浮世絵のコレクターでもありました。このフレーズは彼の信念を表しています。

Frank Lloyd Wright is famous for having designed the second Imperial Hotel in Tokyo. He was not only an architect but a collector of Japanese ukiyo-e woodblock prints. This quote speaks of his conviction.

A light heart lives long.

軽やかな心は長生きする。

William Shakespeare
ウィリアム・シェークスピア（イギリスの劇作家）

始終考えすぎる人は、自分の考えに凝り固まってしまいがちです。細かく考えるのはちょっと休んで、"ありのまま"でいましょう。そうすれば心が軽やかになり、他の人の気持ちや言葉も素直に受け入れられるようになります。

People who think too much all the time are often paralyzed in their thought process. Let go of analysis sometimes and just "be". That way, you'll feel light and your heart will be open to other sensations and worlds.

Life is what we make it. Always has been, always will be.

人生はいつも、私たちがそうさせるとおりのものに
なるものだ。

Grandma Moses
グランマ・モーゼス（アメリカの画家）

グランマ・モーゼスは、有名なアメリカのフォークアートの画家で、絵を描き始めたのはなんと70代半ばでした。絵画を学んだ経験はありませんでしたが、生まれ育った農場をテーマに描いた作品は、大きな話題を呼びました。意欲的に創作を続け、101歳で生涯を閉じました。

Grandma Moses is a famous American folk artist who started painting in her mid-seventies. She never formally studied art but she became a sensation in the art world with her warm paintings of farm life that she grew up with. She lived to age 101.

Think of all the beauty around you and be happy.

あなたの周りにあるすべての美しいもののことを
考えてみて。そしたら幸せになれるから。

Anne Frank
アンネ・フランク（『アンネの日記』を書いたユダヤ人の少女）

アンネ・フランクは類いまれな少女でした。今やっていることの手を止めて、自分の周りを見回してみてください。どんな状況下でも、見ようとする心があれば、美しいものは見えてくるはずです。

Anne Frank was one exceptional girl, wasn't she? Stop what you're doing right now, look around you, and really see. If you set your mind upon seeing beauty, you'll find it all around you, no matter the circumstances.

Anything you desire to do, you can do. Anything!

あなたが望んだことは、何でもできる。そう、何でも!

Wayne Dyer
ウェイン・ダイアー (アメリカの心理学者、著作家)

"望むこと"がまず最初です。望みをもたなかったら、それはただ生きているだけ! 何かをしたいと願ったり何かになりたいと思うと、それは実現できます。この世に限界はありません。想像力をたくましくしましょう!

The first thing is to desire. Without desire, you are just a zombie! Desire to do or have or be something, and it can be yours. The universe is limitless. Let your imagination go wild!

I'd rather be a failure at something I enjoy than be a success at something I hate.

大好きなことをやって失敗者になるほうが、
好きでもないことをやって成功者になるよりマシだ。

George Burns
ジョージ・バーンズ (アメリカの俳優)

もしあなたが、自分がやっていることを楽しんでいないとしたら、あなたは本当の成功者ではありません。なぜそれをやめないのか、気持ちに忠実に行動しないのか、何が邪魔しているのでしょうか？ 大好きなことをしてください。そうすれば幸せな人生を送れます。

If you don't enjoy what you do in life, you aren't really a success. What's stopping you from breaking away and following your heart? Just an illusion, maybe. Do what you love and you'll lead a happy life.

There is more to life than increasing its speed.

スピードを速くすることだけが人生ではない。

Mohandas Gandhi
モハンダス・ガンジー（インド独立の父、政治家）

最近、時間に追われていませんか？ 基本に立ち返り、インスタントではない自然の食材を使って食事を作ってみませんか？ スローフードは、精神を豊かにしてくれます。また、時には遠回りをして帰宅してみませんか？ ふだんは出合えない素晴らしい発見をするに違いありません!

Have you slowed down and "smelled the roses" recently? Going back to the basics and cooking a completely traditional meal with natural ingredients -yes, slow food- can enrich your soul.Take the long way home sometimes and you might discover some wonderful things!

What we see depends mainly on what we look for.

目に見えるものは、
たいていは自分が何を探しているかによって決まる。

John Lubbock
ジョン・ルボック（イギリスの銀行家、政治家、科学者）

欲しいと思っているバッグがあると、みんながそのバッグを持っているように見えませんか？ 車好きの人にとって特別仕様のイヤーモデル車は憧れの的ですが、興味のない人にとってはタイヤが4つついた、ただの車です。私たちは関心のあることしか目に入らないのです。

Have you ever noticed that if there is a particular bag that you are interested in, it seems that everyone has one? People interested in cars recognize special editions and model years. Those with no interest just see 4 wheels and perhaps "big" or "small" and the general color. We see only things that we are conscious of.

Happiness depends upon ourselves.

幸福であるかどうかは私たち次第。

Aristotle
アリストテレス（古代ギリシャの哲学者）

幸福とは与えられるものではありません。意志をもって、自分自身で作り出すものなのです！

Happiness isn't something that is given to us. Instead, it is something that we create by ourselves with our mind!

Failure is only a temporary change in direction to set you straight for your next success.

失敗は、次の成功に向けての、
軌道修正にすぎない。

Denis E. Waitley
デニス・ウェイトリー（アメリカの能力開発研究家）

とても素敵な言い方ですよね？ このフレーズの意味は、あなたが努力し続ける限り、本当の意味での失敗はないということです。デニス・ウェイトリーはベストセラー作家、能力・モチベーション開発の専門家です。

Isn't this a nice way to put it? What this means is that there is no real failure as long as you continue with your endeavors. Denis Waitley is a best-selling author, motivational speaker and productivity consultant.

Ask yourself this question: "Will this matter a year from now?"

自分に問いかけてください。
「1年たってもこのことは重要だろうか？」

Richard Carlson
リチャード・カールソン（アメリカの作家、心理学者）

リチャード・カールソンは『小さいことにくよくよするな！』の著者です。この本はベストセラーになり、多くの国で出版されました。上のフレーズはこの本に載っているものですが、多くの人が好んで引用しています。今この瞬間は"たいした"ことに思えることも、大きな枠組みで考えればまったく重要ではないのです！

Richard Carlson wrote the famous book "Don't Sweat the Small Stuff" which became a best seller in many languages. In the book this became a favorite quote for many people. Things that we think are HUGE right now actually in the big scheme of things is not important at all!

Happiness is a warm puppy.

幸せはあたたかい子犬。

Charles M. Schulz
チャールズ・シュルツ（アメリカの漫画家）

これはみんなに愛されているスヌーピーの作者・シュルツが書いた本のタイトルです。彼は幸せの定義をとてもシンプルに考えていました。小っちゃくてかわいい子犬を抱っこして、温かい気持ちにならない人なんていないですよね？

This is the name of a book by the author of everyone's beloved Snoopy. He kept the definition of happiness very simple--who doesn't get warm feelings hugging a vulnerable, loving puppy?

You are never given a wish without also being given the power to make it come true.

夢とはそれを実現できる者の内に生まれる。

Richard Bach
リチャード・バック（アメリカの作家、『かもめのジョナサン』の著者）

神様は、あなたにとって不可能なことを思い起こさせるようなことはしないので、心配しないでください。リチャード・バックは"現実とは何か"をテーマにフィクション作品を書いたベストセラー作家です。

God doesn't let you imagine things that are impossible for you so rest assured! Richard Bach is a best-selling author who writes fiction stories with the theme "what is real".

Try not to become a man of success but rather to become a man of value.

成功者になろうとするのではなく、価値ある人間になることだ。

Albert Einstein
アルバート・アインシュタイン（ドイツ生まれの理論物理学者）

自分にとって成功とは何を意味するのか、見直してみるとよいかもしれません。アインシュタインの時代は「man」は男性にも女性にも使いました。現代では「person」と言うのが適切でしょう。

This is a good opportunity to reassess what success means to you. In Einstein's era, "man" was used for both male and female. Today we would use "person" instead to make the sentence politically correct.

If you cannot do great things, do small things in a great way.

もし偉大なことができないのならば、
小さなことを偉大なやり方でやりなさい。

Napoleon Hill
ナポレオン・ヒル（アメリカの著作家）

結局のところ、幸せで意味のある人生は、一歩一歩、偉大なやり方でなされた小さなことの積み重ねで作られるのです。

In the end, it's the small things done in a great way, step by step that create happy, meaningful lives.

Human beings, by changing the inner attitudes of their minds, can change the outer aspects of their lives.

人間は自分の心の持ち方を変えることで、
その人の周りも変えることができる。

William James
ウィリアム・ジェームズ（アメリカの心理学者）

ハーバード大学教授を務めたウィリアム・ジェームズは、精神面に働きかけることによって、肉体面もよい方向に改善していくことができると言っています。ポジティブメモを書き続けましょう！

This Harvard University professor also agrees that by working on our mental state and attitude we will be altering our physical lives as well. Keep writing positive memos!

Knowing is not enough; we must apply. Willing is not enough; we must do.

知ることだけでは十分ではない。それを使わなくてはいけない。やる気だけでは十分でない。実行しなくてはいけない。

Johann W. v. Goethe
ヨハン・ゲーテ（ドイツの詩人、小説家）

行動なしには何も起こりません！ もしあなたが英語が上手に話せるようになりたいと思っているなら、話す機会、場を見つけなくてはいけません。今度、道に迷っている外国人旅行者を見かけたら、自分から話しかけ、勉強してきたことを実践するチャンスをつかみましょう！

Without action, nothing will happen! If you want to become a good English speaker, you must find opportunities to speak--the next time you see a foreign tourist looking lost, approach him or her and seize the opportunity to apply what you've studied!

That which does not kill you makes you stronger.

困難も乗り越えれば、それによってさらに強くなれる。

Friedrich W. Nietzsche
フリードリヒ・ニーチェ（ドイツの哲学者）

子どもの頃、自分としてはやりたくないことを両親にさせられたものでした。そのとき、両親はいつもこの言葉を言っていました。確かにそのとおりです。今は、しつけの厳しかった両親に感謝しています。

When I was young, my parents made me do things that I didn't want to do. At these times they would always say this phrase. It's so true–I am grateful to them now for their disciplinarian ways.

They may forget what you said, but they will never forget how you made them feel.

人は何を言われたかは忘れても、
どう感じたかは決して忘れない。

作者不詳

ポジティブな感情や気持ちにフォーカスをあてるのは、いちばん重要なことです。どこで聞いたか、どんな言葉だったかは正確に覚えていなくても、それを聞いたときの幸せな感覚だけは覚えている。そんな経験を誰もがしたことがあるはずです。

Focusing on emotions and feelings-positive ones, is the most important thing. I'm sure we all have such experiences where we don't remember the exact words that someone said but whatever the words, we were left with a feeling of well-being.

Change your thoughts and you change your world.

考えを変えれば世界が変わる。

Norman Vincent Peale
ノーマン・ヴィンセント・ピール (アメリカの牧師、著作家)

ノーマン・ヴィンセント・ピールはニューヨーク市の有名な牧師でした。彼が書いた『積極的考え方の力』はベストセラーになりました。この本は、初めて"ポジティブシンキング"をテーマに取り上げた本のひとつといわれています。

Norman Vincent Peale was a famous minister in New York City and he wrote the best-seller "The Power of Positive Thinking". This was one of the first books that many people picked up that took up the topic of positive thinking.

I take nothing for granted. I now have only good days or great days.

何事においても当然のことと思い込まない。
今はよい日ととてもよい日しかない。

Lance Armstrong
ランス・アームストロング（アメリカの自転車プロロードレース選手）

ランス・アームストロングは自転車のプロロードレース選手です。ツール・ド・フランスをはじめ多くのレースで優勝し、精巣腫瘍を克服したことでも有名です。ガン患者のための財団を設立するなど、多くの人々に感動を与えています。

Lance Armstrong is a professional road-racing cyclist. He is famous for winning many races despite having survived testicular cancer, and he has set up a foundation which supports people affected by cancer. He is an inspiration to many people.

A day without laughter is a day wasted.

笑いのない日なんて、無駄な日だ。

Charles Chaplin
チャールズ・チャプリン（イギリスの俳優、映画監督）

チャールズ・チャプリンはサイレント映画時代を代表する喜劇役者です。第一次世界大戦、大恐慌、ヒトラーの台頭という暗い時代に人々に笑いをもたらしました。

Charles Chaplin was a silent-film era personality. He brought laughter to people during World War I, the Great Depression, and the rise of Adolf Hitler.

It is never too late to be what you might have been.

なりたかった自分になるのに、遅すぎることはない。

George Eliot
ジョージ・エリオット（イギリスの女流作家）

確かに肉体的な若さは、一度過ぎてしまえば戻ることはありません。でも「私はこうしたい、こうなりたい」と思っていたことの本質は、実現しようと思えばいつでもできるはずです。「もう遅い」という言葉を言い訳にしていませんか？ あなたの心の内に問いかけてください！

While it's true that physical youth might not be attainable, the essence of what it is that you want(ed) in life is yours for the taking. Are you not making an excuse by saying that it's too late? Ask the real you deep inside!

Those who bring sunshine to the lives of others cannot keep it from themselves.

周りの人の人生に光をもたらす人は、
必ず自分自身の人生にも光をもたらす。

James Barrie
ジェームズ・バリー（イギリスの童話作家）

「Cannot keep...from」は「おさえきれない」というニュアンスです。ジェームズ・バリーは『ピーター・パン』の作者です。彼は生前、『ピーター・パン』の著作権を小児病院へ寄付しました。著作権料による寄付は現在も続いています。

"Cannot keep...from" means that something MUST come out. Sir James Barrie is a Scottish author who created Peter Pan. Before he died, he gave the rights to Peter Pan to a hospital which continues to benefit from royalties coming from the rights.

To the world you might be one person, but to one person you might be the world.

世界にとってあなたは数いる人間の中の
ただ一人にすぎないだろう。しかしある人にとっては、
あなたはその人のすべてかもしれない。

Heather Cortes
ヘザー・コルテス（英語圏で愛される詩人）

美しい文章ですね。私たち一人ひとりは特別な存在であり、誰かにとってのすべてである可能性があるのです。独りぼっちに思えたとしてもこのことを忘れずに、他の人々に手を差し伸べましょう！

Isn't this a beautiful sentence? Remember that each of us is special and that we have the potential to be someone's everything. If you're ever feeling down and alone, remember this and start reaching out to others!

To succeed, you need to be a "how" thinker, not an "if" thinker.

「もしも」から「どうやったら」が成功の鍵。

作者不詳

「もし……だったら」と言い訳をする人は成功しません！　ハッピーな人々は「もし」という言葉をあまり口にしません。その代わり、「どうしたら」望んでいることを叶えられるかを考えることにエネルギーを注ぐのです。

"If only..." gets you no where! People who are happy don't utter these words very often. Instead, they concentrate their energies on thinking about how they can get what it is that they want.

Column ♥ Happiness is ...

幸 せ は 日 常 に 隠 れ て い る

　みんなの大好きなスヌーピー（漫画のタイトルは『Peanuts（ピーナッツ）』）は一見子ども向けの話に見えますが、実は大人のための深い作品なのです。作者のチャールズ・シュルツは「Happiness（幸せ）」をよくテーマに取り上げています。幸せとは、小さくて平凡で、ごく日常の事柄の中にあるものなのです。『ピーナッツ』に出てくる幸せの例を挙げてみましょう。

　幸せは、英語のスペルのテストでAを取ること。
　幸せは、口笛が吹けたこと。
　幸せは、落としたと思ったお菓子を拾えたこと。
　幸せは、他の人が知らない秘密を知っていること。
　幸せは、ソーセージののっているピザ。
　幸せは、焼きたてのクッキー。
　幸せは、暖かい、いつも使っている毛布。
　幸せは、35セントで映画を見て、15セントでポップコーンと、あと1セントでお菓子を買うこと。

　幸せとは、あなたが愛しているものものすべてなのです。

Chapter 5

メモを豊かにするパターン&単語集

VOCABULARY & PATTERNS

Part 1 知っておきたいメモパターン
Part 2 グリーティングカード見本帖
Part 3 テーマ別単語帖

MEMO PATTERNS

Chapter 5 Part1 知っておきたいメモパターン

……を準備する
Prepare...

コーヒー豆は前もって準備する。
Prepare the coffee beans in advance.

教授のために誕生日ケーキを準備する。
Prepare a birthday cake for the professor.

パワーポイントのプレゼン資料を準備する。
Prepare PowerPoint presentation.

自分自身にメモを書くときは、これから準備しなくてはならないことを書きとめるというのがよくあります。たとえば友達の誕生パーティを計画するときは場所を予約して、招待状を準備する。誰かの家だとしたら、誰の家でそれはどこか？ 地図も作らなくてはならないかも。メニューを考えなくては。プレゼントも。参加者それぞれが何かを持ってくるか、それともお金を出し合って何か大きなものを買うか？ たくさんやることがある！

When writing memos to yourself, it's common for people to put down in writing things that they need to prepare in the coming days. When planning a birthday celebration for a friend, for example, you will have to make reservations for the venue, then prepare the invitations. If it will be at someone's home, whose place and where will it be? Making a map might be necessary. The menu needs to be thought about and so does a gift. Will each person bring something, or will we all chip in and buy one big item? There are many things to do!

……を買いに行く
Shop for...

有機栽培のイチゴを買いに行く。
Shop for organic strawberries.

プリンターの詰め替え用インクを買いに行く。
Shop for printer ink refills.

バーベキューソースを買いに行く。
Shop for BBQ sauce.

買い物リストは、自分のために書くときに、おそらく最もよくあるタイプのメモです。食べ物、贈り物、服など何の買い物でも、書いておくのは賢いやり方です。英語で書くのに慣れるために (そして書くことで英語がすらすら出てくるようになるために)、リストにあるそれぞれの品の横にコメントを入れるのをおすすめします。たとえば「新しい枕カバーを買いに行く」の次に「前に枕カバーを買ったときは、ちょっと小さすぎて、洗ったときにいちいちかえにくかった。どれを買うか決める前に、サイズを再確認しないと」と続けます。

Shopping lists are probably the most common type of memo that a person writes to him or herself. Whether shopping for foodstuffs, gifts, clothing, etc., it is wise to write things down. To get used to writing English (and improving your output of English), I suggest you write comments next to each item on your list, for example: "Shop for a new pillowcase" followed by "The last time I bought pillowcases they were a little too small and it was difficult to remove and put them back on each time I washed them. I should double check the size before deciding to make any purchases."

……を取りに行く、迎えに行く
Pick up...

カーネーションを取りに行く。
Pick up the carnations.

注文しておいたDVDを取りに行く。
Pick up the pre-ordered DVD.

帰りに保育園へマリアを迎えに行く。
Pick up Maria at the nursery school on the way home.

何かを取りに行ったり、誰かを迎えに行ったりするときに。たとえば、もしどこかで大きなグループで集まることになっていて、誰かがその場所をよくわかっていないなら、その人と最初にどこかで会ってから、ほかのみんなと合流します。そんなときには「マイケルを渋谷駅ハチ公像前に迎えに行って、グループと薬局前で合流する」。何かを取りに行くことを覚えておかなくてはならないときは、「ワイヤレスマウスのための単4電池を取りに行く」「今夜の鍋のために白菜をもっと取りに行く。もしほかの野菜もよさそうなら、それも！」。

You can pick up a person or an item. If you're meeting a big group somewhere, for example, and one person is unsure of the location, you can meet him or her somewhere first, then together meet up with everyone else. In such a situation, "Pick up Michael at Shibuya Station in front of the dog statue Hachiko, then meet the group in front of the pharmacy." If you need to remember to get something, "Pick up triple-A batteries (AAA) for the wireless mouse." "Pick up extra Chinese cabbage for the hot pot tonight. If other vegetables look good, get them too!"

……と話す
Talk with...

リンダと夏休みについて話す。
Talk with Linda about summer vacation.

クリスと、ジェニーへの贈り物について話す。
Talk with Chris about Jenny's gift.

マーケティング部と新しいキャンペーンについて話す。
Talk with marketing department about the new campaign.

私は書いておかないと、することを思い出すのがちょっと遅れてしまいがちです。よく忘れていたのに気づくのは、相手が職場にいる間や、夜遅くなって電話ができなくなる前にコンタクトをとること。そこでメモを書くのです。「talk to」を使うこともできますが、「talk with」のほうが、お互いにコミュニケーションをするように聞こえます。誰かに「talk to」するというのは、あなただけが話すようにもとれるのです。「talk at」は誰かに一方的に話す場合です。

Unless I write things down, I tend to remember to do things a bit too late. One of the things that I often find myself forgetting is to contact people before they leave their office, or before it's too late at night to call them. You can use "talk to" if you like, but "talk with" sounds more like there is mutual communication between two people. When you "talk to" someone, it could be taken that only you are doing the talking. "Talk at" means that you are talking one-way to someone.

……について考える
Think about...

マイ箸を持参することについて考える。
Think about bringing your own chopsticks.

体重を減らすためにするべきことを考える。
Think about what to do to lose weight.

転職について考える。
Think about changing jobs.

日々の生活では、何かについて深く考えたくても、忙しくてなかなかできないことがよくあります。そんな考えについてメモしておくのは、時間があるときに思い出すきっかけとなります。たとえば友達と映画を見た後、私はその映画の内容を消化して感じたり考えたりしたいとひそかに思ってしまいます。残念ながら、たいていみんなはその映画を気に入ったかどうか簡単な感想を少し言うだけで、すぐにお茶と食事の時間になってしまいます！　考えが心に浮かんだときに書きとめておけば、時間があるときにそれを思い出せるのです。

In life, we are often too busy to think deeply about things although we would like to. To memo such thoughts will trigger your memory when you have time to reflect and write more. For example, after watching a movie with some friends, I often secretly want time to myself to digest, feel, and think about the movie. Unfortunately, in many cases people simply say that they liked or didn't like the movie, and then right away it's tea or food time! By writing down thoughts as they enter your mind, you can travel back in time and remember to think about things when you have the time to do so.

……に行く
Drop by...

出勤前にコンビニエンスストアに寄る。
Drop by convenience store on the way to work.

ベトナム料理の惣菜店に行って生春巻きを買う。
Drop by the Vietnamese deli and get spring rolls.

ジョンの家に行って本を受け取る。
Drop by John's house and pick up the books.

「Drop by...」は「visit」のカジュアルな言い方です。誰かを訪ねるとき、だいたいはその前に計画を立てるか、会う約束をしたりします。「drop by」だと、考えたり準備したりがそれほどいらない感じです。そうするのに便利な場所にたまたま来たら、シンプルに「drop by」するのです。「帰り道にケイコの家に寄ってクッキーを置いてくる。びっくりするだろうけど、お菓子が好きだからきっと喜んでくれる」「職場へ行く途中に郵便局に立ち寄って、申込書を郵送する。送るのが早ければ早いほど、注文が早く届く！」

"Drop by" is a casual way to say "visit". Often when you visit someone, you make plans ahead of time or you have an appointment. "Drop by" often does not involve much thought and preparation. You simply "drop by" if you happen to be in some area where it's convenient to do so. "Drop by Keiko's house on the way home and drop off some cookies. She will be surprised but no doubt happy." "Drop by the post office on your way to work and mail the order form. The earlier I send it, the earlier I'll receive my order!"

……を忘れない
Remember...

カメラ用の電池を忘れない。
Remember the batteries for the camera.

火曜日にパパに電話するのを忘れない。
Remember to call Daddy on Tuesday.

ゴミを捨てると約束したことを忘れないでね。
Remember that you promised you'd take out the garbage.

これは自分自身に思い出させるときに使います。私が最初に思い浮かべたのは「英語メモを毎日書くことを忘れない」です。もし毎日練習すれば、ほんの数行でも、1年のうちにはたくさん英語を書いたことになります！ だから「毎日メモを書くことを忘れない」「少しずつ、あなたの英語はよくなっていることを忘れない」「練習が完璧をもたらすことを忘れない」「楽しむことを忘れない！」。

The first thing that came to my mind was to "Remember to write English memos daily". If you practice every day, even just a few lines, in one year that will be a lot of English writing! So, "Remember to write memos on a daily basis." "Remember that little by little, your English is improving." "Remember that practice makes perfect." "Remember to have fun!"

……する
I will...

この夏、運転免許を取る。
I will get my driver's license this summer.

床にワックスをかける。
I will wax the floors.

これからもっと体にいいものを食べる。
I will eat more healthy food from now on.

「I will...」は断言です。私はときどき洗面所の鏡に、やると断言することをフセンに書いて張っておきます。洗面所へ行くたびにそのメモを見ることで、だんだんと心に浸透していくのです。たとえば「アパートではいつも、エレベーターでなく階段を使う。これで健康を保つ」「デイヴィッドにやさしくする。私の素晴らしい夫なんだから、もっと尊重しなくては」「毎日少なくとも3回は『ありがとう』と言う」。

"I will" is an affirmation. On my bathroom mirror, I sometimes put up sticky notes affirming things that I will do. Seeing such memos every time I go to the bathroom slowly inputs the information into my mind. For example, "I will always take the stairs and not the elevator at my apartment. This will keep me healthy." "I will be nice to David. He is my wonderful husband and I should treat him with more respect." "I will say 'thank you' at least three times a day."

……しない
I won't...

チョコレートを食べすぎない。
I won't eat too much chocolate!

あきらめない。
I won't give up.

音楽プレーヤーを忘れない。
I won't forget the MP3 player.

もちろんこれも断言です。あなたは「I will...」と「I won't...」のどちらが多いですか？ 例としては「息子が朝どんなにぐずぐずしても怒らない。まだ小さいのだから」「つまらないテレビ番組を見て時間を無駄にしない。そんな番組を見るのをできるだけやめるようにする」「上司は私をがっかりさせる。でも私はよい仕事をしているし、もし上司が正しく評価してくれなくても、私は仕事に誇りをもっているから大丈夫！」。

This too, of course is an affirmation. Which do you have more of: "I will" or "I won't"? Some examples: "I won't get angry at my son for being so slow in the morning. He is doing his best and I should not get so impatient with him. He is still a little kid." "I won't waste time watching stupid television programs. Well, I will try to cut down on watching such programs as much as I can." "I won't let my boss get me down. I am a good worker and even if he doesn't appreciate what I do, I have pride in my work and I am fine!"

……と感じる
I'm feeling...

今日は幸せな気分。
I'm feeling happy today.

今、私は力がみなぎっている。
I'm feeling energetic right now.

何かいいことがある気がする。
I'm feeling lucky.

これはよく考え、語彙を増やすのに優れた方法です。感情を表す言葉には「happy（幸せな）」「loved（愛されてる）」「great（最高）」「powerful（力強い）」「calm（落ち着いた）」「heavy（重苦しい）」「sick（うんざりした）」「confused（混乱した）」「miserable（みじめな）」などがあります。どう感じているかを書いて、コメントや情報、自分への質問などを添えましょう。私は、どんな気分のときでも、よく目にする場所に張った「私は幸せだと感じる」というメモを読むと、ほどなく本当にそう感じてきます。肯定というのは強力なツールなのです！

This is an excellent way to reflect, and to increase vocabulary. Some feeling words: happy, loved, great, powerful, calm, heavy, sick, confused, miserable. Write how you are feeling, and then add comments, more information, questions to yourself, etc. Whatever my mental state really is, if I read "I feel happy" posted in a place that I frequently look, in a short time I will indeed find myself feeling that way. Affirmations are powerful tools in so many ways!

GREETING CARDS

Happy Birthday
誕生日

> Happy Birthday!
> I hope today will be as
> special as you are.
>
> With much love,
> Lisa V.

お誕生日おめでとう!
今日がスペシャルなあなたと同じくらいスペシャルな
一日になりますように。　愛を込めて　リサ・V

Other Messages

May this day be a special one to remember.
今日が記憶に残る、特別な誕生日になりますように。

Happy Birthday! Many happy returns.
誕生日おめでとう!　たくさんの幸運があなたにもたらされますように。

Wishing you great happiness and joy that never ends.
素晴らしい幸せと喜びがずっと続くよう、祈っています。

誕生日は、年齢と同じ数のキャンドルを立てたバースデーケーキなしには始まりません!　心の中で願い事をしてキャンドルの火を一気に吹き消せたら、願い事は叶うといわれています。プレゼントはその場で開けて、贈り主にお礼やコメントを伝えます。アメリカではパーティにプロの演奏家や大道芸人などを呼ぶこともあります。

Christmas / New Years
クリスマス・新年

> May you be surrounded by beauty and love this holiday season.
>
> Lisa Vogt

美しく、愛に満ちた素敵な年末を
お過ごしください。　リサ・ヴォート

Other Messages

Happy holidays! / Merry Christmas / Season's Greetings
楽しい年末年始の連休を！／メリークリスマス／季節のご挨拶を送ります
※Season's Greetingsはカードの冒頭に書いて時候の挨拶を示す。

Warm Christmas greetings to you and your family.
あなたとあなたの家族にクリスマスのお祝いの言葉を贈ります。

Wishing you peace, love and joy on Christmas.
クリスマスに、平和と愛と喜びをお祈りします。

May you have a bright and joyful holiday.
喜びに満ちた素晴らしい休暇をお過ごしください。

「May you be…」は「I wish you…」の代わりに使える言い方で、思いやり深さとセンスのよい印象を与えます。キリスト教徒以外はクリスマスのお祝いはしないので、キリスト教徒以外の方にカードを送るときはそのお祝いに合ったものか、クリスマスと書かないようにしましょう。

Valentine's Day
バレンタインデー

I love you more than words can say.
We will always be together.

言葉では言い表せないくらい、あなたのことが好き。
私たちはずっと一緒よ。

Other Messages

Be mine. Forevermore.
私のもの、永遠にずっと。

My Dearest Valentine. I love you so much.
最愛の恋人へ。愛してます。

You're my friend, my love, my all.
I love you, I love you, I love you!
あなたは私の友達であり、私の愛する人であり、私のすべて。
愛しています!

「More than words can say(言葉では言い表せないくらい)」は、愛情や感謝の気持ちを表すときによく言いますね。歌詞として使われることもあります。どんな言語においても、激しい感情は言葉にして表すのがむずかしいものですが、バレンタインデーは、そんな愛の気持ちをはっきり伝えたり、2人の絆をあらためて確かめ合う日なのです。

Summer Greetings
暑中お見舞い

Here's wishing you a pleasant summertime.
May you stay cool during these hot months.

楽しい夏になりました。
暑い季節、涼しく過ごしてください。

Other Messages

Have a great summer.
素敵な夏を過ごしてね。

Happy summertime!
楽しい夏を！

I hope this card finds you well despite the scorching heat wave we've all been experiencing.
みんながうんざりしている焼け付くような暑さですが、
元気に過ごされていますように。

欧米では暑中お見舞いのはがきを送る習慣はありませんが、英語で書く場合は、天候のことに触れつつ絵はがきを書くのが自然でしょう。「本当に暑いですね！　最高気温35℃の日もありましたが、元気に過ごしていますか？」「暑さに負けていませんか？　あなたは寒いほうが好きだから、ちょっと心配してました……」といった感じでトライしてみましょう。

Mother's Day
母の日

Mother's Day

A time for warm thoughts
of all that you do for me.
Thank you for being
such a wonderful mother.

Lisa

母の日　　それは、お母さんが私のためにしてくれる
すべてのことに心から感謝をする日。
いつも素敵なお母さんでいてね。　　　　リサより

Other Messages

Mother's Day, a time to say thank you to a very important person.
母の日、それは大切な人にありがとうを伝える日。

You are loved and appreciated always, Mother.
あなたはいつも愛され、感謝されています、お母さん。

It's a day for remembering the countless sweet things you've done for us.
母の日は、お母さんが私たちに与えてくれた、
たくさんのやさしさを覚えておく日。

アメリカでも母の日は、プレゼントや花（おもにカーネーション）を贈ってお祝いをします。夫は妻にも同じようにプレゼントや花を贈ります。というのも母の日は義母、祖母、自分の面倒を見てくれた人など、すべての女性、"母"いう存在に感謝の気持ちを捧げる日なのです。子どものいる家庭では、父親が中心になってお祝いをすることが多いですね。

Father's Day
父の日

> To a dad who is always so wonderful.
> Happy Father's Day

いつも素敵なお父さんへ
父の日　おめでとう

Other Messages

I don't often tell you this but know that you mean the world to me.
ふだんあまり言わないけど、お父さんは私にとってすべてです。

Thanks Dad, from Your Son
お父さん、いつもありがとう。あなたの息子より

You make all the difference in the world!
あなたは大きな影響を与えている！

I admire you more than you'll ever know.
お父さんの想像以上に、私はお父さんのことをすごいと思っています。

よい父親というのは、妻からも子どもからも「すごいな」と思われる存在。家族から愛され尊敬されていることを示して、家族の基盤をさらに固めます。アメリカの離婚率は40〜50％に上り、多くの人々が伝統的な家族構成とは違う中で生活しています。"お父さん"ではなく"お継父さん（ステップファーザー）"あての父の日カードもめずらしくありません。

Thank you
感謝の気持ちを伝える

> Thanks to you,
> I succeeded.
> I couldn't have done it
> without you.

ありがとう、成功しました。
あなたがいなければ、私はできなかったと思います。

Other Messages

I owe you.
あなたのおかげ。

I am who I am because of you. Thank you.
私が私でいられるのはあなたのおかげ。ありがとう。

A million thanks to your team for supporting us.
私たちを支えてくれたみなさんに、100万個のありがとうを贈ります。

My deep appreciation for your whole-hearted support.
あなたの心のこもったサポートに深く感謝します。

もし誰かから現金をいただいたら、お礼状には金額は書かずに「Thank you for your kindness」または「your generosity」(あなたのやさしさ／寛容さに感謝します)と書きます。「Thank you for your kindness」は親切にしてもらったときに使える、オールマイティーな表現です。プレゼントのお礼を書くときは、「I truly appreciate your gift and I will...」と、I willの後にプレゼントをどう使うつもりかを必ず書きます。そして「Thanks again for your thoughtfulness」で締めます。

Congratulations
おめでとう

Here's to the great job you did!
We knew you could do it.

あなたが成し遂げた素晴らしい仕事に乾杯！
あなたならできるって、わかっていたわ。

Other Messages

Congratulations, you did it.
おめでとう、やったね。

A big standing ovation for you.
スタンディングオベーションをあなたに。

We are all so proud of you!
私たちはみんな、あなたのことがとても自慢よ！

You deserve this success.
あなたはこの成功に値する人。

「Here's to...」は成功を祝して、または喜びを分かち合う乾杯のときに、「Here's to us!（僕らに乾杯！）」「Here's to the newly-wed couple（結婚ホヤホヤの2人に乾杯）」といった具合に使います。グラスを高く掲げ、近くの人とグラスを合わせてカチンと鳴らすのは日本と同じです。アップル・コンピュータの広告キャンペーン"Think Different"でも、「Here's to the crazy ones」と言っていましたね。

Anniversaries
記念日

> You are the cheese to my wine.
> Happy anniversary to my dear love and best friend.

あなたと私は最高の組み合わせ。
私の愛する最高の友達へ、記念日おめでとう。

Other Messages

Real love stories never end.
本当の愛の物語は決して終わらない。

Thank you for accepting me as I am.
ありのままの私を受け止めてくれてありがとう。

Happy anniversary to the one person in this world who truly understands me.
私のことを本当に理解してくれる世界でただ1人の人に、記念日おめでとう。

You are the reason for my being.
あなたがいるから、私がいる。

アメリカ人は2人が初めて出会った日など、記念日をとても大切にします。日本人は記念日でも、残業を頼まれると断れずに引き受けてしまうこともあるようですが……。記念日は2人の間に育まれてきた絆を祝福する日。思い出の場所やものを思い起こさせるようなカードやプレゼント、シチュエーションを選んで、2人で大切な時間を過ごします。

Marriage
結婚のお祝い

Congratulations
Best wishes for a marriage that grows stronger with every passing moment.

結婚おめでとう。過ぎ行く時間とともに、
お二人の絆がますます深まりますように。

Other Messages

You look so good together!
2人はお似合い!

May you live happily ever after.
これからの2人の人生が、ずっと永遠に幸せでありますように。

Wishing you a happy marriage and hoping that your life together will be full of love, laughter and fun.
結婚おめでとう。
2人の人生が愛と笑いと楽しいことで満ちあふれますように。

もしも「save the date」と言われたら、「特別なイベントがあるからその日は空けておいてね」という意味ですが、結婚に関するイベントであることが多いようです。最近では「renew marriage vows (結婚の誓いを新たにする)」という言葉をよく聞きます。長年一緒にいたカップルが、生涯のパートナーであることをあらためてみんなに知らせるセレモニーのことをいいます。

Birth
出 産 の お 祝 い

Congratulations on
the birth of your first
daughter!

May this exciting time be full
of memorable moments...

出産おめでとう！　初めての女の子ですね。
この素晴らしい時を、一瞬一瞬目に焼き付けて……。

Other Messages

Your little angel has arrived!
あなたの小さな天使がやってきましたね！

I can't wait to meet Aya!
アヤちゃんに会うのが待ちきれません！

If he's as handsome as his dad and as brilliant as his mom a fabulous future awaits him!
もし赤ちゃんがお父さんと同じくらいハンサムで、
お母さんと同じくらい素敵だったら、輝かしい未来は間違いないわね！

May you cherish this very special time.
このかけがえのない時間を大切に……。

アメリカにはベビー・シャワー(baby shower)という習慣があります。
妊婦の友達が催す女性だけが招待される会で、妊婦はみんなから贈り
物やカードを"シャワーのように"たくさんもらいます。決まり事はとくに
なく、赤ちゃんが生まれた後に開く人もいますが、みんなで食べ物を持ち
寄って、母としての体験や知識をシェアすることが多いようです。

Moving
引っ越しのお知らせ

**We've moved!
Drop by anytime.**

引っ越しました！
近くに来たら、いつでも寄ってください。

Other Messages

We have a new address!
引っ越しました！

The Nakahara Family has moved!
中原家は引っ越しました！

Our new place is right next to the famous park.
私たちの新しい家は、あの有名な公園のちょうど隣です。

We've moved into a 100-year old farmhouse!
築100年の農家に引っ越しました！

日本では引っ越すと近所にご挨拶に行きますね。アメリカは、友達や近所の人に新居のお披露目(housewarming)をします。引っ越しのお知らせをしそびれたら、クリスマスカードを利用しましょう。普通クリスマスカードは12月25日よりも早く送り、もらったカードは家の中に飾ってクリスマスまで楽しみます。感謝祭(11月第4木曜日)の後ならいつ送ってもOKですから、12月早めに新住所を知らせることができます。

VOCABULARY

Chapter 5 Part 3 テーマ別単語帖

仕事(職業) — Work

サラリーマン	a salaried worker
会社員	a company employee
公務員	a government worker
主婦	a homemaker (a stay-at-home parent)
パート	a part-time worker
アルバイト	a part-time worker
教師	teacher
看護師	nurse
美容師	hairdresser
薬剤師	pharmacist
法律家	lawyer
営業マン	salesperson
販売員	sales representative
編集者	editor
料理人	chef
給仕係	server
秘書	secretary

肩書、部署　Job titles, Departments

最高経営責任者	CEO-chief executive officer
会長	chairperson
社長	president
副社長	vice president
専務取締役	senior managing director
常務取締役	junior managing director
取締役	director
部長	general manager
次長	assistant manager
課長	section chief
係長	supervisor
社員	employee
派遣社員	temp (temporary employee)
総務部	general affairs
人事部	human resources department
法務部	legal department
営業部	sales department
本社	head office
支社	branch
商品企画部	product planning department
広報部	public relations department
企画部	planning department

オフィス用品 — In the Office

戸棚	cabinet
ひじ掛けのある椅子	armchair
コピー機	copy machine
ファクス	fax
スキャナー	scanner
シュレッダー	shredder
電卓	calculator
フセン	sticky notes
メモ用紙	memo pad
ファイル	files
プレゼン用のフォルダ	presentation folders
会社名が印刷された便せん	letterhead
名刺	business cards
IDカード	ID card
印鑑	personal seal (*hanko* stamp)
日付印	date stamp
ブックエンド	bookend
ホチキス	stapler
穴あけパンチ	hole puncher
テープカッター	tape dispenser
住所のラベル	address labels
3穴バインダー	3-ring binders

油性ペン	magic marker (alcohol-based) / permanent marker
水性ペン	magic marker (water-based) / non-permanent marker
ボールペン	ball-point pen
シャープペンシル	mechanical pencil
修正液	correction fluid / white out
修正テープ	correction tape
マーカー	magic markers
蛍光ペン	highlighters
ビニール製の収納箱	plastic storage boxes
気泡シート	bubble wrap
小さく区切った作業スペース	cubicle

電化製品 — Electrical Appliances

ノート型パソコン	laptop
卓上型パソコン	desktop
電子辞書	electronic dictionary
ICレコーダー	IC voice recorder
携帯音楽プレーヤー	portable music player
充電器	battery charger
延長コード	extension cord
ルーター	router
電気ポット	electric hot water pot
電子レンジ	microwave
トースター	toaster
冷蔵庫	refrigerator
洗濯機	washing machine
掃除機	vacuum cleaner
炊飯器	rice cooker
卓上ミキサー	countertop blender
食器洗い機	dishwasher
ワインセラー	wine cellar
アイロン台	iron board
持ち運びできるストーブ	space heater
トイレの暖房シート	toilet seat warmer
空気清浄機	air purifier
加湿器	humidifier
除湿機	dehumidifier

キッチン用品　　Kitchen Goods

フライパン	frying pan (skillet)
鍋	pot
鉄鍋	cast iron pot
圧力鍋	pressure cooker
フッ素樹脂加工の調理器具	nonstick cookware
銅製のやかん	copper kettle
蒸し器	steamer
お玉	ladle
フライ返し	spatula
泡立て器	whisk
スパチュラ	rubber scraper / silicone scraper
野菜用の水きり器	spinner
おろし金	grater
皮むき器	peeler
缶切り	can opener
栓抜き	bottle opener
コルク抜き	corkscrew
ざる	strainer
天板	cookie sheet
バット	tray
まな板	cutting board
はかり	scale
肉用の温度計	meat thermometer

食材 — Ingredients and Foodstuff

葉野菜	leafy veggies / vegetables
茎野菜	stem veggies / vegetables
夏野菜	summer veggies / vegetables
緑黄色野菜	green and yellow veggies / vegetables
ドレッシング	dressing
キャベツ	cabbage
きゅうり	cucumber
にんじん	carrot
じゃがいも	potato
ピーマン	bell pepper
レタス	lettuce
かぼちゃ	pumpkin
たけのこ	bamboo shoot
なす	eggplant
豆	bean
魚介類	sea food
鮭	salmon
まぐろ	tuna
貝	clam
かき	oyster
帆立貝	scallop
たこ	octopus
かに	crab

牛肉	beef
羊肉	mutton
豚肉	pork
鶏肉	chicken
ヒレ肉	fillet
もも肉	thigh (meat)
ひき肉	ground (meat)
小麦粉	flour
強力粉	bread flour
薄力粉	cake flour
パン粉	bread crumbs
ベーキングパウダー	baking powder
ヨーグルト	yogurt
バター	butter
マーガリン	margarine
冷凍食品	frozen food
ミックスベジタブル	mixed vegetable
冷凍ほうれん草	frozen spinach
冷凍いか	frozen squid
冷凍えび	frozen shrimp
ツナ缶	canned tuna
生パスタ	fresh pasta
酢漬け、塩漬け	pickled food

調理　　　cooking

切る、刻む	chop
(薄く)切る	slice
細かく刻む	mince
角切りにする	dice/ cube
肉や魚を開いて薄くする	butterfly
混ぜる	mix
かき混ぜる	stir
(卵を)かき混ぜる	beat
泡立てる	whisk
こねる	knead
マリネする	marinade
蒸す	steam
ゆでる	boil
(シチューなどを)煮込む	stew
ことこと煮込む	simmer
水分をとばして濃くする	reduce
オーブンで焼く	bake
直火で焼く	broil
焼き網や鉄板で焼く	grill
表面をさっと焼く	sear
(かたまり肉を)あぶる	roast
炒める、揚げる	fry
衣をつける	coat
火を強める	increase the heat
火を弱める	decrease the heat

味 — Tastes

おいしい	delicious / yummy
まずい	not tasty / yucky
辛い	hot
塩辛い	salty
にがい	bitter
しぶい	tart
甘い	sweet
酸っぱい	sour
熟している	ripe
汁の多い	juicy
脂っこい	greasy
水っぽい	watery
酸味がきいた	acidic
スパイスのきいた	spicy
ネバネバ	sticky
とろとろ	gooey
シャキシャキ	crisp
重い	heavy
軽い	light
さっぱり、あっさり	simple
こくがある	rich
クリーミー	creamy

美容、化粧品　　　Cosmetics

クリーム	cream
乳液	lotion
日焼け止め	sunscreen
化粧下地	makeup base
ファンデーション	foundation
マスカラ	mascara
アイシャドウ	eye shadow
口紅	lipstick
リップクリーム	lip balm
ほお紅	blush (rouge)
保湿用クリーム	moisturizer
入浴剤	bath salt
ヘアスプレー	hair spray
マニキュア	nail polish
洗顔用	cleanser
頭皮用	scalp treatment
シャンプー	shampoo
リンス	conditioner
シワ	wrinkle
ニキビ	acne
シミ	blemish
ソバカス	freckle

健康、病気 — Health, Illness

風邪	cold
インフルエンザ	flu
熱	fever
せき	cough
くしゃみ	sneeze
鼻水	runny nose
肩こり	stiff shoulders
けが	hurt
骨折	bone fracture
痛み	pain
頭痛	headaches
胃痛	stomach pain
潰瘍	ulcer
便秘	constipation
冷え性	excessive sensitivity to cold
むくみ	swelling
生理痛	menstrual cramps
アレルギー	allergy
花粉症	hay fever
薬	medicine
処方せん	prescription
ばんそうこう	adhesive bandage
包帯	bandage

天気   Weather

快晴	clear
晴れ	sunny / fair
曇り	cloudy
雨降り	rainy
小雨	sprinkling / drizzling
雷	thunder
稲妻	lightning
みぞれ	sleet
雪まじり	snowy
霧	fog
霜	frost
乾燥	dry
湿気	humidity
おだやか	mild
どんより	overcast
風が強い	windy
焼けるような	scorching
冷える	chilly
凍えそうに寒い	freezing
豪雨	a downpour / raining heavily
異常気象	unusual weather
洪水	flood
紫外線	UV rays
気温	temperature
温度計	thermometer

服　Clothing

シャツ	shirt
ワンピース	dress
スカート	skirt
パンツ	pants
ジーンズ	jeans
セーター	sweater
タンクトップ	tank top
ノースリーブ	sleeveless
半袖	short sleeve
長袖	long sleeve
スーツ	suit
スカーフ	scarf
マフラー	muffler
ストッキング	a pair of stockings / hose
スニーカー	sneakers
パンプス	pumps
ハイヒール	high-heeled shoes
ビーチサンダル	flip-flops
チャック	zipper
折り目	crease
小さいサイズ	petite
背が高い人のサイズ	tall
大きいサイズ	plus
試着	try on

家族、近い人の呼び方　Terms of Endearment

恋愛関係にある人へ、「Darling」と同じ意味の呼び方

Babe

Darling

My love

Sugar

大人にも子どもにも使える呼び方

Sweet pea

Sweetheart

Love

Beautiful

Cupcake

Ducky

Honey-bun

Peaches

※これらの呼び方は、友達にはあまり使いません。

性格 — Personalities

正直 ⇔ 誠実でない
honest ⇔ dishonest

静か ⇔ うるさい
quiet ⇔ noisy

オープン ⇔ 秘密主義
open ⇔ secretive

謙虚 ⇔ 傲慢
humble ⇔ arrogant

やさしい ⇔ 意地悪
nice ⇔ mean

寛大 ⇔ けち
generous ⇔ cheap

思いやりのある ⇔ 自己中心的
kind ⇔ inconsiderate

神経質 ⇔ ゆったりした
nervous ⇔ relaxed

むずかしくない ⇔ 好き嫌いのある
easy to please ⇔ picky

おもしろい ⇔ つまらない
imaginative ⇔ boring

働き者 ⇔ 怠け者
hardworking ⇔ lazy

感動したときの言葉   Wow!

驚いた！
Holy cow!

信じられない。
Unbelievable.

すごい。
That is amazing.

ぶっ飛んだ。
I am blown away.

オペラに魅了された。
I was touched by the opera.

印象深かった。
It left a impression on me.

刺激的な講演だった。
It was a stimulating talk.

涙が出るほどに感激してしまった。
I was moved to tears.

映画は心を打った。
The movie really got to me.

友達への手紙の結語   Casual Salutations

手紙やグリーティングカードの頭語は「Dear」で始めます。
手紙の最後、署名の前に書く結語には、手紙を送る相手や内容によって
さまざまなバリエーションがあります。

Hugs,

Shine on,

Keep shining,

Much love,

Love,

Love always,

Wish you were here,

Cheers,

Thanks,

Kisses,

xxx, (=kisses)

xoxox, (=kisses & hugs)

Sending smiles from miles,

改まった手紙の結語 / Formal Salutations

日本語の「敬具」「よろしくお願い申し上げます」などにあたります。

Traditionally used in formal situations
改まった表現

Yours truly,

Sincerely,

Yours sincerely,

Yours faithfully,

Yours respectfully,

Respectfully yours,

Faithfully yours,

Formal or friendly situations
改まった場合にも友達にも使える表現

Cordially,

Warmest regards,

Best regards,

Best wishes,

Truly,

With confidence,

Most heartily,

Health and happiness,

Warm greetings,

Thank you letters
お礼の手紙の結語

Much appreciated,

Many thanks,

With appreciation,

Kind thanks,

Thank you for your help,

Thank you for your time,

Thank you for your kindness,

Lisa Vogt リサ・ヴォート

アメリカ・ワシントン州生まれ。メリーランド州立大学にて日本研究準学士、経営学学士を、テンプル大学大学院においてTESOL（英語教育学）修士を修める。2007〜2011年NHKラジオ「英語ものしり倶楽部」レギュラー、現在は青山学院大学、明治大学の講師を務めるなど、異文化コミュニケーターとして活躍。また、フォトグラファーとしても幅広く活動し、世界6大陸50カ国以上を旅する。著書に『メモで身につく日常英語』（実業之日本社）、『魔法の英語 耳づくり』（Jリサーチ出版）など多数。

カバーデザイン	Malpu Design（星野槙子）
本文デザイン	やまぎしあや
撮　　影	乾 晋也
イラスト	西村美咲
校　　正	服部妙子
構成・編集	小長光あかね
編集協力	石飛千尋

笑顔になれる ポジティブ英語メモ
2012年7月10日　初版第1刷発行

著　　者	リサ・ヴォート
発行者	村山秀夫
発行所	実業之日本社

〒104-8233　東京都中央区京橋3-7-5 京橋スクエア
電話　（編集）03-3535-5417
　　　（販売）03-3535-4441
http://www.j-n.co.jp/

印刷所	大日本印刷
製本所	ブックアート

©Lisa Vogt 2012 Printed in Japan
ISBN978-4-408-42051-6

落丁・乱丁の場合は小社でお取り替えいたします。
実業之日本社のプライバシーポリシー（個人情報の取扱い）は、上記サイトをご覧ください。
＊この本に記載された記事・写真・図版等について、無断転載を禁じます。また、内容の一部、あるいは全部を無断複製（コピー）することや、ホームページ・ブログなどに無断転載することは、法律で定められた場合を除き、著作権および出版社の権利を侵害することになりますので、その場合はあらかじめ小社あて許諾を求めてください。